나에게
괜찮냐고

　물어본 적이
　없었다

일러두기

이 책에 등장하는 상담 사례는 모두
내용의 이해를 돕기 위해 재창작된 사례입니다.

나에게
괜찮냐고 ×××××
××× 물어본 적이
없었다

함광성 지음

스몰빅라이프
SMALLBIG
LIFE

×× 누구보다 먼저
내가 나를 보듬어줘야 한다 ××

어느 날 문득 집 안을 둘러보다가 창문 쪽 벽지가 살짝 젖어 있고, 그 사이로 작게 금이 가 있는 것을 발견했다고 생각해 보세요. 깜짝 놀란 여러분은 신경이 곤두서고, 즉시 사설탐정 모드로 돌입하여 벽에 금이 간 이유를 알아내려고 할 것입니다.

'원래부터 있던 금인데 내가 못 본 것일까?'
'집이 오래되고 낡아서 자연스럽게 금이 간 걸까?'
'혹시 누수가 생겨서 틈이 갈라진 걸까?'

이런저런 유추를 해보다가 이내, 이 금을 방치하면 위험한 일이 생기지 않을까 걱정하며 곧바로 수리 방법을 찾기 시작할 겁니다.

간단한 공구로 혼자 해결할 수 있는 문제인지 네이버 지식인에 검색도 해볼 것이고, 인테리어에 대해 알고 있는 지인이 있다면 그에게 연락하여 물어볼지도 모릅니다. 유튜브도 찾아볼 것이고, 인테리어 전문 플랫폼에 상황을 올리고 견적을 받아볼 수도 있습니다. 어떤 식으로 해결 방법을 찾든, 이 모든 과정은 빠르게 이루어집니다. 차일피일 미루며 내버려 두면 금은 더 커지고, 결국 내가 사는 집에, 그리고 내 일상에 큰 문제가 생겨날 거라 생각하기 때문입니다.

살다 보면 우리의 마음에도 가끔 금이 갑니다. 금이 가는 이유는 다양합니다. 누군가가 무례한 말과 태도로 내 마음을 들이받았기 때문일 수도 있고, 내가 떠받치고 있는 삶의 무게가 너무도 무겁기 때문일 수도 있습니다. 이렇게 마음에 금이 가고, 마음이 약해질 때 우리는 이유 모를 답답함과 찜찜함, 무기력함, 우울감을 느낍니다. 하지만 이런 기분을 느낄 때마다 이렇게 생각합니다.

'시간 좀 지나면 괜찮아지겠지.'

벽이든, 마음이든 균열을 방치하면 틈이 커지고 무너질 수 있는 건 마찬가지인데 우리는 유독 우리 마음에겐 '알아서 괜찮아지기'를 강요하는 것 같습니다. 벽에 금이 가면 가장 믿을 만한 정보를 찾거나 최고의 전문가를 수소문하면서, 마음에 금이 가면 '적응하면 괜찮아지겠지', '시간이 알아서 해결해주겠지', '다들 이러면서 사는 거지' 하며 마음이 스스로 괜찮아지리라 생각합니다.

하지만 마음은 결코 알아서 괜찮아지지 않습니다. 금이 가기 시작한 벽처럼, 수리하고 돌보지 않으면 금이 점점 벌어지고, 결국 무너져 버리고 맙니다. 무너져 버린 건물을 다시 쌓아 올리기 어렵듯, 마음도 한번 무너져 버리면 다시 쌓아 올리기가 정말 어렵습니다. 따라서, 스스로를 돌보는 일에 서툰 우리는, 우리 마음의 정기 점검 요원이 되어 의식적으로, 시시때때로 나에게 물어야 합니다. '지금 괜찮냐'고, '혹시 많이 지치지는 않았느냐'고, '이게 네가 원했던 삶이냐'고. 이렇게 물으며, 마음이 무너지기 전, 그 상태를 미리미리 점검해야 합니다.

어떻게 해야 내 마음의 안부를 제대로 물을 수 있을까요? 내 안부를 묻는 일은, 아주 가깝지도, 아주 멀지도 않은 관계의 손님을 집에 초대하는 일과 같습니다. 이런 손님이 찾아오면, 그 손님이 우리 집에서만큼은 편하게 계시다가 갔으면 하는 마음에 평소엔 아껴서 잘 마시지 않는 고급스러운 차도 내오고, 자리가 불편하지는 않은지 거듭 확인합니다. 집이 너무 춥진 않은지, 더 필요한 것은 없는지 간간이 물으며 손님이 곤란해하지 않도록 배려할 것입니다.

우리가 스스로에게 해줘야 하는 일도 이와 같습니다. 나에게 괜찮냐는 안부를 묻기 위해서는, 이렇게 종종 내 자신을, 내 삶에 초대된 손님이라고 생각해야 합니다. 내 자신을 아주 귀하게 여기며 조금이라도 불편한 부분이 없는지, 내 마음을 세세하게 살펴야 합니다. 방송인 홍진경 씨가 어느 방송에 출연해 이렇게 말한 적이 있습니다.

"저는 제가 다른 분들한테 우습게 보이든, 쉽게 보이든, 그런 건 중요하게 생각하지 않아요. 그래서 남한테 보여주는 자동차라든가, 옷이라든가, 구두 같은 것보다도 제가 늘 베고 자는 베개라든가, 제가 매일 입을 대고 마시는 컵이라든가, 제가 매일 지내는 집의 상태에 더 신경 써요. 여기서부터 자존감이 시작되는 것 같거든요."

우리는 홍진경 씨처럼 타인에게 신경 쓰기보다는 먼저 자신에게 신경 써야 하고, 스스로를 챙겨주어야 합니다. 그래야만 금이 간 마음을 확인하고 제대로 치유해줄 수 있습니다.

무너지기 시작한 마음을 치유하는 것보다 더 좋은 건 미리미리 마음을 튼튼하게 관리해 두는 것, 즉 마음의 체력을 길러 두는 것입니다. 마음의 체력을 기르는 건 몸의 체력을 기르는 것과 아주 비슷합니다. 건강한 몸을 위해 신선한 음식을 먹듯, 마음에게도 위로와 기분 전환이라는 신선한 공기를 불어넣어 주면 됩니다. 건강한 몸을 위해 적절히 수면을 취하듯, 마음에게도 생각을 멈추고 쉴 시간을 주면 됩니다. 건강한 몸을 위해 헬스장에 가서 운동하고 근육을 키우듯, 휴식이나 명상을 통해 마음의 근력도 키워줘야 합니다.

마라톤 선수가 500m를 달리는 것쯤은 누워서 떡 먹기처럼 보입니다. 그런데 체력이 좋다고 해서 달리기가 '쉬워지는 것'은 결코 아니라고 합니다. 다만 숨이 차 터질 것 같은 폐와 다리의 근육통을 더 잘 '견딜 수 있게' 되는 것일 뿐이라고 합니다.

우리의 마음도 마찬가지입니다. 내 마음을 돌보는 방법을 알게 된다고 해서 인생이 결코 쉬워지지는 않을 것입니다. 야속하게도 인생에는 반드시 고통이 찾아옵니다. 다만, 우리가 평소에 마음을 돌보고 마음의 체력을 길러 둔다면, 아주 보통의 삶에 시시각각 예고 없이 찾아오는 시련과 상처를 조금 더 쉽게 견디고 회복할 수 있게 될 것입니다.

자기 자신의 안부를 묻는 일이 처음엔 어색하게 느껴질 수 있습니다. 우리는 나의 안부를 묻는 일보다 타인의 안부를 묻는 일에 훨씬 익숙해져 온, 그런 사람들이기 때문입니다. 조급해하지 말고, 이 책에 담긴 보통 사람들의 삶과 그 치유 과정을 좇으며 나에게 '괜찮냐'고 물어보는 방법을 천천히 연습해 보시길 바랍니다. 괜찮다고 생각했지만 사실 괜찮지 않았던 우리의 마음이, 우리가 글로써 함께하는 여정을 통해 조금 더 유연해지고, 단단해질 수 있기를 바랍니다.

차례

1장 나를 증명하려 애쓸 필요는 없다

2장 마음이 지칠 땐 인생에 백기를 든다

3장 그때그때 유연하게 산다

1장

나를 증명하려
애쓸 필요는 없다

마음에도
다이어트가 필요하다

생각을 덜어내야 마음이 가벼워진다

과체중은 만병의 근원이라고 합니다. 과체중까지 가지 않더라도 살이 찌고 몸이 무거워지면 여러모로 스트레스를 받습니다. 저도 어제 아침에 터질 것 같은 바지 단추를 보고는 한숨을 푹 내쉬었습니다.

우리는 몸이 무거워지면 이토록 스트레스를 받으면서도, 왜인지 그럴수록 몸이 무거워질 만한 행동을 더 쉽게 하게 됩니다. 어제 아침에 그렇게 한숨을 쉬었던 제가, 저녁에는 치킨을 또 시켜 먹은 것처럼 말이죠. 그렇게 악순환을 반복하며 몸은 점점 더 무거워지고 힘들어집니다.

마음도 마찬가지입니다. 무거워진 마음은 여러 가지 심리적 스트레스와 고통의 시작이 됩니다. 무거워진 마음은 우리를 주저앉게 만들고, 우울하게 합니다. 우울한 마음에는 금세 불안이라는 불청객이 찾아오기도 하지요. 불안에 흔들리는 스스로에게 실망하면서 자존감까지 뚝뚝 떨어집니다. 그 결과, 몸이 무거워졌을 때처럼 마음이 무거워졌을 때 역시도 홀로 계속 자책하며, 마음이 더 무거워질 만한 안 좋은 습관들을 반복합니다. 그렇게 우리 마음은 점점 깊은 동굴 속으로, 깊은 바닷속으로 빠져듭니다.

저는 상담실에서 수많은 사람들의 무거운 마음을 마주합니다. 상담실을 찾아오시는 분들은 저마다 겪고 있는 어려움도, 처한 상황도, 살아온 배경도 모두 다릅니다. 그럼에도 불구하고 그분들 사이에 단 하나의 공통점이 있다면 그것은 바로 마음이 매우 무겁다는 점입니다. 때로는 돌덩어리 같고 때로는 무쇠처럼 견고하게 느껴지기도 합니다. 이렇게 감당할 수 없을 정도로 무거워진 마음은 여러분들도 잘 알고 있는 우울증, 공황장애, 성격장애, 심지어는 조현병으로 이어지기도 합니다.

무엇이 이들의 마음을 이토록 무겁게 만든 걸까요? 마치 몸을 무겁게 만드는 체지방처럼, 우리의 마음을 무겁게 만드는 녀석의 정체는 무엇일까요? 그것은 바로 '생각'이었습니다.

생각은 지방과 비슷한 점이 많습니다. 지방은 우리 몸에 없으면 안 되는 필수영양소입니다. 우리 몸에 에너지를 공급 및 저장하고 체온을 유지해 주는 아주 중요한 역할을 합니다. 그러나 무엇이든 과하면 독이 되듯, 과도하게 쌓인 지방은 몸을 무겁게 만드는 주범이 됩니다.

지방이 몸의 필수영양소인 것처럼, 생각은 마음의 필수 구성요소입니다. "나는 생각한다, 고로 나는 존재한다"라는 데카르트의 유명한 말도 있고, '생각이 깊다'라는 말은 언제나 칭찬으로 쓰입니다. 다른 동물들보다 신체적 능력이 약한 인간이 지구상에서 생존할 수 있었던 이유도 다 뛰어난 사고능력 덕분이었습니다.

하지만 지방과 마찬가지로 생각도 너무 과도하게 쌓였을 때는 우리 마음을 무겁게 만듭니다. 적당한 생각은 우리를 합리적이고 지혜롭게 하지만, 과한 생각은 반대로 우리를 비합리적이고 혼란스럽게 합니다. 생각이 생각의 꼬리를 문다는 말처럼 '많은 생각'은 '더 많은 생각'으로 이어져서, 결국 우리 마음을 물 먹은 솜처럼 무겁게 만들어 버립니다.

그러므로 우리는 다이어트를 할 때 체지방을 덜어내는 것처럼, 마음의 다이어트를 위해 과도한 생각을 덜어낼 필요가 있습니다.

칼로리가 높은 생각

다이어트를 할 때 피해야 하는 음식들이 있습니다. 기름기가 너무 많고 열량이 높은 피자나 치킨 같은 음식은 사랑스럽지만 멀리해야 합니다. 마음의 다이어트를 할 때도 비슷합

니다. 피자나 치킨처럼 특히 조심해야 하는 두 가지 종류의
생각이 있습니다.

마음의 규칙

첫 번째는 '-해야 한다' 혹은 '-하면 안 된다'라는 생각
입니다. 이러한 생각을 상담심리학에서는 '당위적 사고^{should}
^{thinking}'라고 부르고, 저는 이것을 '마음의 규칙'이라고 부르곤
합니다. 우리가 하고 있는 생각들을 가만히 들여다보면 '-해
야 한다'와 '-하면 안 된다'라는 당위적 사고를 정말 많이 하
고 있다는 것을 쉽게 알 수 있습니다.

오늘의 저만 돌이켜봐도 그렇습니다. 아침에 눈을 떠서는
'스트레칭을 해야 한다', '뜨거운 물 한 잔을 마셔야 한다'라
는 생각을 했습니다. 출근을 하면서는 '9시 30분까지 도착해
야만 한다'라고 생각했고, 상담센터에 들어오면서 다른 선생
님을 마주치는 순간에는 '웃으면서 인사해야 한다'라고 생각
했습니다. 상담할 때는 '상담을 잘해야 한다'라는 생각에 사
로잡혀 있었고, 퇴근 후 글을 쓰고 있는 지금 이 순간에는
'오늘 안에 이 글을 꼭 완성해야 한다'라는 생각을 하고 있습
니다.

사실 '-해야 한다', '-하면 안 된다'라는 생각이 무조건 나
쁜 것은 아닙니다. 오히려 반드시 필요한 생각이기도 합니다.
이런 생각은 우리의 행동에 기준을 만들어 주기 때문입니다.

'사람을 해치면 안 된다', '다른 사람의 물건을 훔치면 안 된다', '외출할 때는 옷을 입어야 한다'와 같은 기준이 없다면 이 세상은 무법천지, 아비규환이 될 것입니다. 이렇게 우리가 원만히 함께 살아가기 위해 모아 놓은 '-해야 한다', '-하면 안 된다'라는 생각의 집합을 규칙, 법, 도덕이라고 합니다. 문제가 되는 건 이런 마음의 규칙이 무분별하게 많을 때입니다.

제가 어렸을 때 저희 집에는 식사 자리에서 지켜야 하는 규칙이 하나 있었습니다. '떠 준 밥은 다 먹어야 한다'였습니다. 그리고 저는 그 규칙을 굉장히 잘 따랐던 것 같습니다. 그러던 어느 날 친구 집에 놀러 갔다가 친구의 가족들과 같이 밥을 먹게 되었던 적이 있습니다. 그날 식사 자리에서 저는 놀라운 장면을 목격하게 됩니다.

저와 제 친구는 하굣길에 떡볶이를 사 먹고 온 터라 배가 꽤 부른 상태였습니다. 그렇지만 저는 늘 그렇듯 친구의 부모님께서 떠 주신 밥을 의무적으로 다 먹었습니다. 그런데 제 친구는 입맛이 없다며 밥을 절반도 먹지 않고는 수저를 내려놓았습니다. 그런 친구를 보며 '곧 어머님께서 잔소리를 시작하시겠구나' 하고 덜컥 겁이 났습니다. 하지만 이어진 상황은 제 예상과 달랐습니다. 친구의 어머니가 아무렇지 않게 "그래, 이따가 배고프면 말해~"라고 이야기했던 것입니다. 제가 식사 자리마다 '다 먹어야 한다'라는 규칙을 지키기 위해 신경 쓰고 애쓰는 것을 친구는 할 필요가 없었던 것입니다.

하루에도 세 번씩이나 있는 식사 시간마다 제 친구의 마음
은 저보다 조금 더 가벼웠을 것입니다. 어쩌면 제가 '다 먹어
야 한다'는 규칙을 지키기 위해 애쓰는 동안, 그 친구는 음식
의 맛에 집중하며 좀 더 즐거운 식사 시간을 보냈을 수도 있
습니다. 만약 저보다 식사 자리에서 더 많은 규칙을 가지고
있는 사람이 있다면, 그의 식사 시간은 그만큼 더 무거운 마
음일 것입니다.

직장인 A씨는 '난 반드시 성공해야 한다', '난 항상 잘해야
한다'라는 마음의 규칙을 가지고 있습니다. 반면 같은 직장에
서 일하는 B씨는 그런 마음의 규칙을 가지고 있지 않습니다.
A씨와 B씨에게 똑같은 업무가 주어졌을 때 A씨의 마음은 B
씨의 마음보다 훨씬 무거울 수밖에 없습니다. 게다가 안타깝
게도 실패까지 해버린다면 A씨의 마음은 더 괴로울 것이 분
명합니다. 심지어 성공하더라도 A씨는 '항상 성공해야 한다,
잘해야 한다'라는 마음의 규칙을 계속 지키기 위해 안심할
수도, 쉴 수도 없습니다.

연애 중인 미영 씨는 '애인에게는 내가 언제나 1순위여야
한다'라는 마음의 규칙을 가지고 있습니다. 애인이 일이 너무
바빠서 연락이 뜸해지면 몹시 화가 납니다. '어떻게 이럴 수
가 있지?' 하며 도저히 납득할 수 없습니다. 미영 씨 마음의
규칙에서는 나를 사랑한다면 아무리 일이 바빠도 내가 1순
위여야 하기 때문입니다. 생각하면 할수록 화가 나고 마음이

무거워집니다. '바쁘면 연락이 뜸할 수도 있지'라는 친구의 위로도 귀에 들어오지 않습니다. 내 마음의 규칙에서는 용납되지 않기 때문입니다.

만약 미영 씨에게 그런 마음의 규칙이 없었다면 어땠을까요? 연락이 뜸한 애인에게 당연히 서운하고 속상한 마음이 들겠지만, 이처럼 화가 나고 마음이 무거워지지는 않았을 것입니다. 속상하긴 하지만, 있어서는 안 되는 일이 생긴 정도는 아니기 때문입니다.

통제할 수 없는 것에 대한 집착

우리의 마음을 무겁게 만드는 두 번째 생각의 종류는 '통제할 수 없는 것에 대한 집착'입니다. 우리 삶에는 내가 통제할 수 있는 것과 통제할 수 없는 것이 있습니다. 예를 들어, 내가 오늘 저녁에 치킨을 먹느냐/먹지 않느냐는 내가 통제할 수 있는 것입니다. 하지만 오늘 처음으로 시켜보는 신메뉴 치킨의 맛이 있을지/없을지는 내가 통제할 수 없는 것입니다.

우리 마음을 가볍게 하기 위해서는 통제할 수 있는 것에 집중하고, 통제할 수 없는 것에는 최대한 신경을 덜 쓸 필요가 있습니다. 그러나 우리 마음은 때로는 반대로 작동하며 무거워집니다. 통제할 수 있는 것은 쉽게 포기하고, 통제할 수 없는 것에 집착하는 것입니다.

먹어 보기 전에는 결코 알 수 없는 새로운 치킨의 맛을 미리 알고자 집착합니다. 수많은 리뷰를 찾아보고, '맛있을까?', '진짜 괜찮을까?'를 고민하는 데 온 에너지를 쏟습니다. 그러다가 결국 '아, 모르겠다'라고 체념하면서 늘 먹어오던 치킨을 주문해 버립니다. 결국 고민하는 데 에너지를 낭비만 했고, 새로운 것을 접할 수 있는 기회도 놓쳐버렸습니다.

누군가를 짝사랑할 때 내가 통제할 수 있는 것은 상대를 대하는 나의 태도입니다. 상대방 앞에서 더 친절한 행동을 하거나 용기 내서 고백을 하는 것 등입니다. 반면 내가 통제할 수 없는 것은 상대의 마음입니다. 이때 A라는 사람은 통제할 수 있는 것에 집중합니다. 더 매력적으로 보일만한 행동을 연습하는 데 집중하거나 어떤 말로 고백할지를 고민합니다. 그러나 B라는 사람은 통제할 수 없는 것에 집중합니다. '저 사람이 나를 좋아할까?'에 대해서 끊임없이 고민하고 추측합니다. 내가 어떻게 해야 할지에 집중하지 않고 어떻게 하면 저 사람의 마음을 확실히 확인할 수 있을지에 집착합니다. 짝사랑 앞에서 마음 졸이는 것이야 누구나 매한가지이겠지만, B의 마음은 A의 마음보다 훨씬 무거울 것입니다.

부모님이 나에게 계속해서 상처를 줄 때 내가 통제할 수 있는 것은 '내가 나를 부모님으로부터 어떻게 지킬 것인가?'입니다. 어떻게 해야 내가 가장 상처를 덜 받을 수 있을지, 무엇이 나를 지키기 위한 최선의 방법인지를 고민하고 노력해야 합니다. 내가 상처를 받고 있다는 것을 명확히 알리는 것부터 시작하여, 경우에 따라서는 집을 나와 독립을 하거나 절연하는 것이 필요할 수도 있습니다.

그러나 많은 사람이 '부모님을 어떻게 하면 바꿀 수 있을까?'라는 생각, 즉 통제할 수 없는 것에 집착합니다. 이렇게 해보고 저렇게 해봐도 결국 변하지 않는 부모님을 보면서 좌절합니다. 그러면서 '부모님이 바뀌지 않기 때문에 나는 계속 상처를 받을 수밖에 없다'라고 생각합니다. 주어진 운명을 탓하며, 나를 지키는 일을 포기하게 되기도 합니다.

우리의 마음을 좀 더 가볍게 하기 위해서는 이런 두 가지 종류의 생각(마음의 규칙, 통제할 수 없는 것에 대한 집착)을 경계할 필요가 있습니다. 우리가 다이어트를 할 때 고열량 음식을 멀리 해야 하는 것과 같습니다. 내 안에 나도 모르는 사이에 어떤 마음의 규칙들이 자리 잡고 있었는지 알아차릴 필요가 있습니다. 그리고 그 규칙의 필요성과 효용성을 따져보아야 합니다. 만약 그 규칙이 쓸모없거나, 규칙을 따를 때 얻는 것보다 잃는 게 더 많다면 과감하게 포기해야 합니다. 그리고 통제할 수 없는 것과 통제할 수 있는 것을 구분하는 지혜가 필요합니다. 통제할 수 없는 것은 있는 그대로 수용하고, 통제할 수 있는 것은 내가 원하는 방향으로 바꾸기 위해 노력해야 합니다.

지금까지 10여 년의 시간 동안 상담실에서 만난 무거운 마음들 속에서 '마음의 규칙'과 '통제할 수 없는 것에 대한 집착'을 발견할 수 있었습니다. 그 생각들은 정말로 돌덩어리처럼 무겁고 단단했습니다. 지금부터는 이렇게 발견한 수많은 돌덩어리 중에서 유독 자주 발견되고, 유독 무거운 돌덩어리들을 좀 더 자세히 살펴보고자 합니다.

'제대로' 하려다
'하나도' 못 하게 된다

지윤 씨는 직장에서 꼼꼼하고 믿을 만한 사람으로 인정받고 있습니다. 지윤 씨는 어떤 일이 주어져도 빈틈없이, 완벽하게, 제대로 해내는 사람입니다. 지윤 씨가 만든 프레젠테이션 자료는 다른 사람들의 눈에 보이지도 않을 정도의 작은 여백까지 신경 쓴 디테일이 살아 있었고, 작성한 보고서에는 단 하나의 오타도 허락되지 않았습니다. 화려하거나 빠르지는 않지만 무슨 일을 맡기더라도 이토록 완벽하고 꼼꼼하게 해내는 지윤 씨는 상사들에게도 두터운 신임을 받고 있습니다.

그런 지윤 씨가 처음 상담실에서 꺼내놓은 고민은 정말 뜻밖의 것이었습니다.

"저는 너무 게으른 것 같아요."

지윤 씨는 직장에서 완벽했지만, 직장 밖에서는 그렇지 못했습니다. 혼자 사는 집에는 설거짓거리가 며칠째 그대로 놓여있기 일쑤고, 집 구석구석에는 정리되지 않은 옷가지가 여기저기 너부러져 있었습니다. 지난달에 3개월 회원권을 등록한 헬스장에는 지금까지 2번밖에 가지 못했습니다. 책장에는 사 놓기만 하고 펴보지도 않은 책들이 먼지 이불을 덮고 있었습니다.

직장에서의 지윤 씨는 조금의 빈틈도 찾아볼 수 없는 완벽한 사람이었지만, 직장을 벗어난 지윤 씨는 놀랍도록 빈틈투성이의 사람이었습니다.

완벽해지려다 더 서툴러지는 이유

잘하고 싶지 않은 사람은 없습니다. 이왕 하는 거 더 제대로 잘하고 싶은 마음이 드는 건 당연합니다. 그러나 제대로 하고 싶은 마음이 너무 강해져서 '제대로 해야 한다'라는 마음의 규칙이 되어 버리는 경우가 있습니다. 이런 마음의 규칙을 심리학에서는 '완벽주의^{perfectionism}'라고 합니다.

완벽주의라는 단어를 어디선가 한 번쯤은 들어보셨을 겁니다. 완벽주의는 말 그대로 '뭔가를 오차 없이 완벽하게 하고자 하는 마음'을 의미합니다. 지윤 씨가 직장에서 보이는 빈틈 없고 철저한 면도 완벽주의적인 모습이라고 볼 수 있겠습니다.

사실 우리 모두 어느 정도는 완벽주의를 가지고 있습니다.

나에게 괜찮냐고 물어본 적이 없었다

《미움받을 용기》로 우리에게 알려진 아들러^{Alfred Adler}의 개인심리학에서는 모든 인간은 열등감을 가지고 있고 우월성을 추구한다고 하였습니다. 그렇기에 인간은 보다 완벽해짐으로써 우월감을 경험하려 하고, 완벽하지 않음을 느낄 때 열등감과 불안정감을 경험하게 됩니다.

그런데 안타깝게도 우리가 살고 있는 세상부터 완벽하지가 않습니다. 그렇기에 우리는 완전하지 않은 세상 속에서 필연적으로 불안(정)을 경험하며, 완벽을 추구함으로써 안정을 찾고자 합니다. 그것이 바로 완벽주의의 본질입니다.

 완벽주의 체크리스트

아래 질문에 체크해보세요. 더 많이 체크할수록 완벽주의적인 모습이 자주 나타날 수 있습니다.

1. 모든 일에서 항상 최선을 다해야 한다고 생각한다.
2. 최선을 다했어도 충분히 잘한 것처럼 느껴지지 않는다.
3. 나 자신에 대해 높은 기준을 세운다.
4. 내가 하는 일에 스스로 만족하는 경우는 드물다.
5. 나에 대한 기대가 커야 성공할 수 있다고 생각한다.
6. 실수하거나, 실패하면 사람들은 나에게 실망할 것이다.
7. 항상 최고가 되어야 한다고 생각한다.

좀 더 완벽하고자 하는 바람이 어느 정도는 있어야 더 노력하게 되고 성장하게 되는 것도 맞습니다. 그러나 완벽주의라고 이름 붙일 정도로 '반드시 완벽해야 한다'라는 마음의 규칙이 생겨버렸을 때는 얘기가 좀 다릅니다. 이 규칙은 우리 마음을 너무나도 무겁게 만듭니다. 무거워진 마음은 우리를 움직이기 어렵게 만들고, 그 결과 오히려 완벽과는 거리가 더 멀어집니다. 참 아이러니하지요. 완벽하려는 마음 때문에 오히려 더 완벽해질 수 없다니 말입니다.

제대로 하는 사람

"난 안 하면 안 했지, 하면 제대로 하는 사람이야"라고 말하는 분들이 있습니다. 신중히 선택하고, 본인의 선택에 대해 최선을 다하려는 태도는 참으로 훌륭한 모습입니다. 그러나 이 말을 뒤집어 보면 "제대로 못 할 바에는 아무것도 안 한다"라는 마음의 규칙이 됩니다. 이 마음의 규칙은 잘 생각해 보면 정말 무섭고, 무거운 말입니다. 마치 "1등이 되지 못할 바에는 공부하지 않는다", "몸짱이 되지 않을 바에는 운동하지 않는다"는 말과 같습니다.

뭔가를 제대로, 완벽하게, 잘한다는 것은 대단히 어려운 일입니다. 공부를 그냥 하는 것과 1등이 되기 위해 하는 것은 완전히 다른 이야기입니다. 운동을 하는 것보다 몸짱이 되는 것이 훨씬 어려운 일입니다. 그리고 우리는 사람이기에, 어려운 일은 더더욱 하기 싫어지기 마련입니다.

1등을 해야 한다고 생각하면 더욱 공부하기 싫어지고, 몸짱이 되어야 한다고 생각하면 더욱 운동하기 싫어집니다. 1등, 몸짱이라는 완벽함과 지금의 불완전한 나 사이의 간극이 너무나도 크기에, 공부나 운동을 하려고 해도 '과연 이걸 한다고 1등, 몸짱이 될 수 있을까?'라는 생각이 마음을 짓누릅니다. 이렇게 무거워진 마음을 이끌고 뭔가를 시작하고, 지속한다는 것은 참으로 어렵습니다. 안 그래도 하기 싫은 공부가, 안 그래도 귀찮은 운동이 더 하기 싫고, 더 귀찮아지는 것이지요.

완벽하게, 제대로, 잘해야 한다는 마음의 규칙을 인간관계에까지 적용하는 분들도 있습니다. 가령 '평생 갈 친구도 아닌데 굳이 친해질 필요도 없다', '결혼까지 갈 게 아니면 연애도 하지 않는다'와 같은 생각을 가지고 있는 분을 종종 만나볼 수 있습니다. 누군가와 가까워지고 싶고, 사랑을 나누고 싶은 마음은 있지만, 이 또한 제대로 못 할 것 같으니 안 해버리겠다는 것입니다.

어린아이가 "어떻게 하면 친구를 사귈 수 있나요?"라고 물어보면 우리의 대답은 항상 같습니다. "말을 걸어 봐." 남녀노소를 막론하고, 그것이 우정이든 사랑이든, 심지어 비즈니스적인 관계이든, 누군가와 가까운 관계를 맺고 싶을 때 해야 하는 행동은 어린아이와 다르지 않습니다. 말을 거는 것,

다가가는 것입니다. 그러나 관계마저도 완벽하게, 제대로 맺어야 한다고 생각하는 분들은 '내가 말을 걸어 봤자, 이 사람이랑 깊은 관계까지 갈 수 있겠어?'라는 생각과 싸워야만 합니다. 그러다 보면 '굳이?'라는 생각이 자연스럽게 이어집니다. 그러다가 결국 누구에게도 다가가지 않고, 스스로 관계에서 철수하기도 합니다.

완벽함이 빼앗아 가는 것들

사실 저도 과거에는 심각할 정도의 완벽주의자였습니다. 군대를 전역하고 24살 때, 난생 처음으로 혼자 여행을 가게 되었습니다. 제가 제일 먼저 한 일은 엑셀을 켜고 모든 일정, 숙소 등을 정리하는 것이었습니다. 그 엑셀 파일에는 분 단위로까지 쪼개진 촘촘한 일정이 적혀 있었고, 일정 사이의 이동 방법까지도 계획대로 흘러가지 않을 때에 대비하여 플랜 ①부터 ③까지 작성되어 있었습니다.

플랜 ①: ㉠ 정류장에서 32번 버스 탑승

플랜 ②: 도보 10분 거리 ㉡ 정류장에서 8번 버스 탑승

플랜 ③: 택시 탑승

이런 식으로 말이죠. 이토록 완벽한 계획을 세우고 떠났던 제 인생 첫 혼자 여행은 지금 제 머릿속에 인생 최악의 여행으로 기억되어 있습니다.

계획이 워낙 철저했던지라, 처음 가보는 곳이어도 여행은

꽤나 순조롭게 흘러갔습니다. 그런데도 이 여행이 저에게 최악의 여행으로 남아 있는 건 완벽한 일정이었지만, 조금도 즐겁지 않았기 때문입니다. 여행 내내 제 눈은 일정표에 머물러 있었고, 한 장소에 방문하면 떠날 시간을 계속 체크하느라 바빴습니다. 그러느라 그곳에서 볼 수 있었던 형형색색의 꽃들도, 향긋한 꽃내음도, 불어오는 선선한 바람도 느끼지 못했습니다. 여행을 마친 뒤 남은 것은 마치 게임 퀘스트처럼 '계획대로 다 했다'라는 의미 없는 성취감뿐이었습니다.

저의 여행이 보다 즐겁고 의미 있는 여행이 되기 위해서는 계획이 좀 덜 완벽해야 했습니다. 비록 계획을 철저하게 세우더라도, 반드시 그 계획을 지켜야만 한다는 의무감은 내려놓아야 했습니다. '완벽해야 한다, 제대로 해야 한다'라는 마음의 규칙이 차지한 공간을 비워놓고, 그 공간에 꽃내음과 선선한 바람의 느낌을 채워 넣어야 했습니다.

우리 삶에서도 마찬가지입니다. 삶이 좀 더 의미 있고 행복하기 위해서는 마음의 여유 공간이 필요합니다. 그리고 그 마음의 공간은 '잘해야 한다', '완벽해야 한다', '제대로 해야 한다'라는 마음의 규칙을 내려놓을 때 생깁니다.

완벽하려 하지 않아야 완벽해질 수 있는 이유

지윤 씨에게 쌓여 있는 설거지 더미를 보면 어떤 생각이 드는지 물었습니다.

"저걸 언제 다 하나 싶어서 한숨이 나와요."

지윤 씨는 설거지마저도 일단 하면 제대로 해야 했던 것입니다. 지윤 씨와 여러 이야기를 나누고, 그날의 상담을 마치며 저는 지윤 씨에게 작은 숙제를 하나 내주었습니다.

"오늘 집에 가서서 그 설거지 더미에서 접시 딱 한 개만 닦아보시겠어요? 꼭 딱 하나만 닦으셔야 해요."

꼭 하나만 닦아야 한다는 말에 지윤 씨는 의아하다는 표정을 지으며 돌아갔습니다.

다음 상담 시간에 지윤 씨에게 내어 드린 숙제를 잘 하셨는지 여쭈어 보았습니다. 지윤 씨는 피식 웃으며 말했습니다.

"아뇨. 숙제 제대로 못 한 거 같아요. 선생님 말씀대로 접시 딱 하나만 닦는 건 금방 하니까, 지난 시간에 끝나자마자 바로 설거지를 했어요. 근데 접시 하나만 닦고 그만하려니까 이게 너무 어이가 없고 웃긴 거예요. 뭔가 찜찜하기도 하고요. 그래서 다른 설거지도 다 해버렸죠 뭐."

지윤 씨의 말에 저도 피식 웃으며 답했습니다.

"완벽하지 않으려고 했다가, 완벽해져 버렸네요."

앞서 말한 것처럼 우리는 뭔가를 완벽하게, 제대로 하려고 하면 더 하기 싫어집니다. 산에 오를 때 '반드시 정상에 오르겠다'라는 마음을 먹으면 처음 걷는 한 걸음의 무게가 무거워집니다. 그러나 '일단 10분만 가 보자'라고 마음먹으면 처음 한 걸음의 무게는 가벼워집니다. 그렇게 가벼운 발걸음으로 10분을 걷고 나면 '조금만 더 가 볼까?'라는 생각이 절로 생기기도 합니다.

이런 마음이 드는 이유는 우리 마음에 본능적으로 잘하고 '싶다', 제대로 하고 '싶다'라는 '바람^want'이 있기 때문입니다. 마음의 규칙은 우리를 무겁게 하고 주저앉히지만, '바람'은 우리 마음을 가볍게 하고 좀 더 움직일 수 있게 해줍니다.

완벽하려 하지 마세요. 잘해야 '한다'라는 마음의 규칙을 내려놓으면 잘하고 '싶다'라는 바람을 만날 수 있습니다. 그리고 바로 그 바람이 아이러니하게도 당신을 좀 더 완벽하게 만들어 줄 거예요.

아무리 애써도
누군가는 당신을 싫어한다

시은 씨와의 4번째 만남이었습니다. 그날 상담실에서는 지난주에 다녀온 독서 모임에 관한 이야기를 나누고 있었습니다. 시은 씨는 조금은 힘이 빠진 목소리로 말했습니다.

"다음 주 모임 갈 때는 이번처럼 많이 준비하지는 않으려고요. 둘러보니까 제가 제일 많이 준비해 온 것 같더라고요. 아예 책을 안 읽어 온 사람도 있고…. 다른 사람들은 좀 대충하는 것 같았어요."

"그랬구나. 그래서 어떠셨어요?"

"좀 허무했죠 뭐. 그래서 저도 준비한 내용 말하지 않고, 대충 준비한 척했어요. 읽은 부분인데도 그냥 모르는 척하고 그랬죠 뭐. 하하."

열심히 준비한 내용을 꺼내지도 않고, 안 읽은 척까지 했던 시은 씨의 마음을 좀 더 살펴보고 싶었습니다.

"그렇게까지 하신 이유가 있어요?"

"음…. 제가 거기서 준비한 걸 꺼내놓으면 뭐랄까…. 좀 잘난 척하는 것처럼 보일 수도 있잖아요. 나댄다고 생각하는 사람이 있을 수도 있고요. 그래서 그냥 묻어간 거죠."

시은 씨가 지난주 독서 모임에서 그렇게 행동한 이유는 사람들에게 미움받고 싶지 않아서였습니다. 비슷한 경험이 또 있는지 물어보자 시은 씨는 놀라운 대답을 했습니다.

"사실 몇 주 전에 처음 상담 왔을 때도 그랬어요. 상담 오면 할 말들을 잔뜩 생각해 놨는데, 그중에서 한 2-30%만 말했던 것 같아요. 첫날부터 제가 말을 너무 길게 하면 선생님이 저를 안 좋게 생각하실 것 같아서요."

뭉치면 살고 흩어지면 죽는다

누군가에게 미움받는 것을 두려워하지 않는 사람은 없습니다. 저 또한 아직 본 적도, 만난 적도 없는 이 책의 독자분들께서 제가 쓴 글을 보고 절 미워하지 않을까 두려운 마음이 있습니다.

이러한 두려움은 인간의 본능이라고 볼 수 있습니다. 태생적으로 다른 동물들에 비해 약한 신체 능력을 가지고 태어난 인간이 지구상에서 지금까지 생존할 수 있었던 이유는 두 가지입니다. 높은 인지능력을 가지고 있었다는 점, 그리고 그런 인간들끼리 힘을 합치고 무리 생활을 하였다는 점입니다. 날카로운 이빨도 없고, 두꺼운 피부도 없는 인간이 생존할 수 있었던 것은 함께 모여 돌을 깎아 도끼와 창을 만들고, 함께 나무를 자르고 엮어 울타리를 만들고 집을 지을 수 있었기 때문입니다. 모두 인간이 '함께'했기 때문에 가능한 것이었습니다.

따라서 다른 사람들과 함께할 수 없다는 것은 곧 생존의 위협인 셈입니다. 누군가가 나를 싫어한다는 것은 무리에서 떨어져 나갈 수도 있다는 뜻이며, 곧 죽음에 대한 공포와도 같을 것입니다. 미움받는 일에 대한 두려움은 이렇게 먼 옛날부터 인류의 마음에 깊게 각인되었습니다. '뭉치면 살고 흩어지면 죽는다'는 말이 괜한 말이 아닙니다.

또한 우리는 살면서 미움이 얼마나 위협적인 것인지를 직간접적으로 경험해 왔습니다. 누군가를 향한 미움은 쉽게 주변으로 전염되어 왕따, 집단 괴롭힘 같은 문제로 이어지기도 하고, 온라인 공간에서는 쏟아지는 악플로 인해 누군가를 죽음으로 몰아가기도 합니다. 이런 세상에 살고 있는 우리가 '미움받을 용기'를 내기는 무척 어려울지도 모르겠습니다.

요컨대 미움받지 않기 위해 애쓰며 사는 것이 인간에게는 더욱 자연스러운 모습일 수밖에 없습니다. 그러니 부디 미움받을 용기를 내지 못하는 나를 자책하지는 않았으면 좋겠습니다.

나에게 괜찮냐고 물어본 적이 없었다

나를 싫어하지 않게 하려고

저도 누군가가 저를 싫어하고 미워하는 것을 정말로 두려워하는 사람입니다. 지금도 그렇지만 예전에는 훨씬 더 많이 두려워했습니다. 그 정점은 20대 시절이었습니다.

그때의 저는 누군가가 저를 미워하지 않게 하는 가장 좋은 방법이 두 가지라고 생각했습니다. 첫째는 호불호가 없는 행동만 하는 것, 둘째는 상대방에게 잘해주는 것이었습니다. 그래서 20대의 저는 이 두 가지 조건의 교집합에 해당하는 행동들만 주구장창 하면서 살았습니다.

그 시절에 있었던 일입니다. 그 당시 저는 물류 창고에서 아르바이트를 하고 있었습니다. 그곳에서 할 수 있는 '호불호가 없으며 다른 사람들에게 잘해주는 행동'은 다른 알바생들이 꺼리거나 미룰 법한 일을 도맡아 하는 것이었습니다. 저는 일부러 무겁거나 멀리 옮겨야 하는 물류만 찾아다니며 옮겼습니다. 혹시나 요령 피우는 것처럼 보일까 봐 가벼운 물류는 거들떠보지도 않았습니다.

아니나 다를까 동료 직원분들도 열심히 하는 저에게 고맙다는 말, 칭찬의 말도 많이 해주셨고, 다들 좋게 봐주시는 눈치였습니다. 몸은 힘들었지만, 이 사람들이 나를 싫어할 수도 있다는 두려움이 없었기에 마음은 편했습니다.

그러던 어느 날, 저는 영화나 드라마에서나 있을 법한 일을 경험하게 됩니다. 그날은 아르바이트 뒤에 약속이 있어서 평소와는 다른 방향으로 퇴근하고 있었는데, 그 길의 어느 담 벼락 건너편에서 동료 아르바이트생 두 명이 제 험담을 하고 있었습니다. 험담의 주된 내용은 '나댄다'였습니다. 부지런히 움직이던 제 모습이 그들에겐 다른 동료들의 눈에 띄기 위해 작위적으로 행동하는 것처럼 보였던 모양입니다. 제가 몸을 갈아 넣으며 애썼던 행동이 그들에게 '나댄다'로 평가되는 것이 너무나 속상했습니다. 나를 싫어하지 않게 하려고 했던 행동인데, 그 행동 때문에 그들은 저를 싫어하는 것이었습니다.

　너무 화가 났지만 저는 아무 말도 하지 못했습니다. 그 순 간마저도 그들이 나를 더 싫어하게 될까 봐 두려웠기 때문입 니다.

애써도 누군가는 나를 싫어합니다

　그 일을 겪고 얼마 되지 않아 저는 아르바이트를 그만뒀습 니다. 너무 화가 나고, 동시에 너무 슬퍼서 도저히 일을 할 수 없었기 때문입니다. 한동안은 다른 일도 구하지 못했습니다. 슬픔, 분노와 함께 허무함이 찾아왔습니다. 미움받지 않으려 고 애를 썼던 시간과 에너지가 너무나 무의미하게 느껴졌습 니다.

　어쩌면 그때의 저는 열심히 노력하기만 한다면 누군가가 나를 싫어할 수 없다고 생각했던 것 같습니다. 미움받을 확 률을 0%로 만들려고 했던 셈입니다. 긴 허무함 끝에, 당연하지만 놓치고 있었던 사실 하나를 깨달을 수 있었습니다. '내가 아무리 애써도 누군가는 나를 싫어할 수 있겠구나'라는 깨달음이었습니다.

우리는 다른 사람의 마음을 통제할 수 없습니다. 호감이 있는 사람에게 꽃을 선물하고, 매너 있게 행동하고, 그 사람의 말을 잘 들어주고, 멋진 모습을 보여준다면 상대방도 나를 좋아할 확률이 올라갈 수 있습니다. 그러나 그 확률이 100%가 될 수는 없습니다. 아무리 믿음직한 행동을 많이 해도, 누군가는 나를 믿지 않을 수 있습니다. 아무리 예쁨 받으려고 노력해도, 누군가는 나를 싫어할 수 있습니다. 다른 사람들이 꺼리는 무거운 상자를 많이 옮겼던 저를 누군가는 기특하고 고맙게 여겼지만, 누군가는 나댄다며 싫어했던 것처럼 말입니다.

살다 보면 필연적으로 맺게 되는 수많은 인간관계를 좀 더 가볍게, 자유롭게 즐기려면 상대방의 마음을 통제할 수 없다는 사실을 받아들여야 합니다. '상대방이 절대 나를 싫어할 수 없게 만드는 방법'이 있다면 누구나 전 재산을 투자해서라도 그 방법을 배우려고 할 것입니다. 그러나 안타깝게도 그런 방법은 없습니다.

누군가가 나를 싫어하지 않도록 노력하는 태도는 분명히 필요합니다. 앞에서 말했듯 미움받는 건 두렵고, 불안할 수밖에 없는 일이기 때문입니다. 가능하면 그런 일은 만들지 않는 게 좋습니다. 그러나 노력해도 안 될 수도 있습니다. 노력해도 누군가는 나를 싫어할 수 있습니다. '나를 좋아해 줬으면 좋겠다. 그러나 안타깝게도 누군가는 나를 싫어할 수 있다'는 사실을 감수하고 인간관계를 맺을 때 우리의 마음은 조금 더 가벼워질 수 있습니다.

애쓰지 않아도 누군가는 나를 좋아합니다

타인의 마음은 통제할 수 없기에, 누군가는 나를 싫어할 수도 있다는 사실이 꽤나 절망적으로 들릴 수도 있을 것 같습니다. 그래서 조금은 희망적인 이야기를 덧붙이고 싶습니다. 우리가 누군가의 마음을 통제할 수 없다는 것은 내 노력과는 무관하게 상대방이 나를 싫어할 수도 있다는 뜻이지만, 뒤집어 말하면 내가 어떤 노력을 하지 않아도 누군가는 나를 좋게 볼 수도 있다는 의미이기도 합니다. 내가 하는 행동이 누군가에게는 철없어 보일 수도 있지만, 누군가에게는 너무나 귀엽게 보일 수도 있습니다.

모든 사람에게는 취향이 있습니다. 민트초코맛에 진저리치는 사람도 있지만 저처럼 없어서 못 먹는 사람도 있습니다. 맛 하나에도 이렇게 취향이 나뉘는데, 사람에 대한 취향은 얼마나 다양할지 조금만 생각해 봐도 알 수 있습니다.

애쓰지 않아도 나를 좋게 봐줄 사람은 분명히 있습니다. 함께하기 위한, 좋게 보이기 위한 최소한의 노력과 예의는 필

나에게 괜찮냐고 물어본 적이 없었다

요하겠지만, 내가 그 이상으로 베풀지 않아도 있는 그대로의 나를 충분히 좋아해 줄 누군가가 반드시 있으리라는 사실을 믿었으면 좋겠습니다. 그리고 그보다 먼저, 나부터 있는 그대로의 나를 좋아해 줄 수 있게 되기를 바랍니다.

반드시 그래야만
하는 것은 없다

상담심리사라는 직업을 가지고 있으면 가끔 주변에서 뜬금없는 질문들을 받곤 합니다. 그날 저녁도 한 친구에게 전화가 걸려 왔습니다.

"야, 내가 MBTI 검사를 어제 또 해봤거든? 근데 내가 내향형(I)이래. 세상의 빛과 소금이라는데? 이게 말이 돼?"

친구의 목소리에는 의아함과 묘한 짜증이 섞여 있었습니다.

"빛과 소금 좋구만. 왜?"

"아니. 야. 네가 봐도 내가 내향적이야? 저번에는 외향형(E)으로 나왔다고."

"내향적인 게 뭐 어때서?"

"아니 결과가 이상하잖아. 지금 내가 나가고 있는 모임만 해도 몇 개인데."

"내향적인 사람도 모임 나갈 수 있지. 사람이 이럴 때도 있고 저럴 때도 있는 거지 뭐."

"그런 게 어딨어. 난 외향형인데."

이후로도 친구는 제가 물어보지도 않았는데, 본인이 외향형인 수많은 이유를 늘어놓았습니다.

사람을 이해하고 싶은 마음

'너 자신을 알라', '지피지기면 백전백승이다'라는 말에서도 알 수 있듯이 나와 타인을 이해하는 것은 삶에서 매우 유용한 가치입니다. 그렇기에 우리는 모두 아래와 같은 질문에 답을 내리고 싶은 마음이 있습니다.

'나는/저 사람은 어떤 사람일까?'

이 질문을 던지고 답을 찾아보는 과정, 즉 사람을 이해하는 과정은 대단히 재미있고 흥미롭습니다.

이러한 질문과 답변의 과정에서 탄생한 학문이 바로 심리학이기도 합니다. 서점 베스트셀러 매대에 심리학 서적이 꼭 한두 권씩은 놓여 있고, 심리 관련 유튜브 콘텐츠가 인기가 많은 것도 우리 모두가 사람을 이해하고 싶은 마음이 크기 때문입니다.

우리가 MBTI를 사랑하는 이유

비단 사람뿐만 아니라 무언가를 이해하고자 할 때 우리는 뇌를 사용합니다. 우리 뇌에는 여러 가지 특성들이 있는데, 그중에서 지금 주목할 것은 뇌가 소위 '귀차니즘'에 취약하다는 점입니다. 이를 심리학에서는 '뇌의 인지적 구두쇠 이론'이라고 합니다(1984년 미국 프린스턴 대학교 수잔 피스크 교수와 UCLA의 셜리 테일러 교수가 제안한 이론). 인지적 구두쇠 이론에 따르면 뇌는 무언가에 대해 깊게 생각하는 일을 꺼립니다. 그러나 동시에 또 많은 정보를 얻고 싶어 합니다. 즉, 적게 일하고 많이 얻고 싶어하는 셈입니다.

그래서 우리 뇌는 어떠한 현상을 복잡하게 설명하는 것을 싫어하고, 간단한 개념이나 단어로 정의해 버리는 것을 좋아합니다. '빨갛고 동그랗고, 먹으면 단맛과 신맛이 나며, 아이폰의 로고로 쓰이는 열매'라는 설명보다 '사과'라는 두 글자 단어로 이해하는 일을 선호하는 것입니다.

이러한 뇌의 귀차니즘은 사람을 이해할 때도 동일하게 적용됩니다. 우리 뇌는 사람을 복잡하게 이해하기보다는 하나의 문장이나 단어로 이해하는 것을 좋아합니다. 예를 들면 '타인의 말에 기분이 나빠졌더라도 그 기분을 다음 만남에까지 이어가지는 않는 사람' 대신 '뒤끝 없는 사람'이라고 이해하는 것을 좋아합니다. '자신의 애인이 다른 이성 친구와 단둘이 만나는 걸 허용하는 사람' 대신 '쿨한 사람'이라고 이름 붙여 버리는 것이 뇌가 더 선호하는 방식입니다. 심리학에서는 이러한 방식을 '라벨링labeling'이라는 용어로 표현하기도 합니다. 옷에 붙어 있는 작은 라벨 하나로 그 옷의 전부를 설명하는 것처럼, 사람에게도 라벨을 붙여 그 사람의 다양한 특성을 한두 가지 표현만으로 규정해 버리는 것을 의미합니다.

MBTI가 이토록 전국민적인 사랑을 받고 있는 이유도 이러한 뇌의 귀차니즘 때문일지도 모릅니다. '열 길 물속은 알아도 한 길 사람 속은 모른다'라는 말처럼 사람을 이해하는 것은 매우 복잡하고 어려운 일인데, MBTI를 활용하면 알파벳 네 글자만으로 사람을 이해해 버릴 수 있으니 말입니다. '혼자 있을 때 마음이 편하고, 자기 자신에게 집중하는 걸 좋아하는 사람'이라고 구구절절 설명할 필요 없이 그냥 '내향형 I'라고 이름 붙여 버리면 됩니다.

비단 MBTI뿐만이 아닙니다. 우리는 참 다양한 방법을 사용하여 복잡한 사람을 단순하게 라벨링합니다. 감정 표현이 서툰 사람을 '경상도 남자'라고 부르는가 하면, 조용하고 신중한 사람에게는 급기야 'A형'이라고 이름 붙여 버리기도 합니다. 잘 울지 않고 동생을 잘 챙기는 아이는 '어른스러운 아이', 감정의 오르내림이 큰 사람에게는 '예민한 사람'이라고 라벨링합니다.

그리고 이러한 라벨링을 과신할 때, 그것은 누군가에 대한 편견이 되기도 합니다. 'A형은 다 소심할 거야', '저 사람은 역시 예민한 사람이야'처럼 말입니다. 편견은 참 무섭습니다. 누군가에게 좋지 않은 편견을 갖게 되면, 그 사람이 보여주는 그 어떤 모습도 내 편견에 맞추어 해석해 버리기 때문입니다.

나에 대한 편견

그런데 편견의 대상은 꼭 타인에 한정되지는 않습니다. 우리는 종종 내가 나에게 붙인 라벨링을 마음의 규칙으로 만들어 버리곤 합니다. 가령 내가 나에게 '쿨한 사람'이라는 라벨링을 하고 그것을 과신하다 보면, '나는 언제나 쿨한 사람이어야 한다'라는 마음의 규칙으로 굳어져 버리기도 한다는 것입니다.

이런 마음의 규칙이 곧 '나에 대한 편견'입니다. 나에 대한 편견을 갖게 되면, 타인에 대한 편견과 마찬가지로 나의 다양성을 무시해 버리게 됩니다. 편견과 일치하는 내 모습에만 주의를 기울이고, 일치하지 않는 모습은 무시하는 '선택적 주의selective attention'가 일어나는 것입니다. 선택적 주의에 빠지면 자연스러운 자신의 생각, 감정, 행동을 편견에 일관적으로 맞추려고 애쓰게 됩니다.

스스로에 대해 '쿨한 사람'이라는 편견이 생기면 그것은 항상 쿨해야 한다는 압박이 되어 버립니다. 애인이 나와 데이트 약속을 깨고 친구들과 놀러 갔을 때, 속상하고 서운한 감정이 들어도 그 마음을 무시하려고 합니다. 나는 쿨한 사람이어야 하기 때문입니다. 스스로에 대해 '외향적인 사람'이라는 편견이 있다면 혼자 있고 싶은 내 마음을 외면하게 됩니다. '어른스러운 사람'이라는 편견은 항상 누군가를 챙겨야만 하고, 감정의 동요가 없어야 한다는 압박으로 이어집니다. 가끔은 돌봄을 받고 싶고, 너무 슬프거나 화가 나도 그 마음을 무시하게 합니다.

심지어 스스로에 대한 긍정적인 라벨링마저도 마음의 규칙, 나에 대한 편견이 되어 버리면 좋지 않습니다. 예를 들어 스스로에 대해 '긍정적인 사람'이라는 편견을 갖게 되면, 부정적인 감정이나 생각이 들어도 이것을 무시하게 됩니다. 난 항상 긍정적이어야 하기 때문입니다.

스스로에 대해 '뭐든 잘하는 사람'이라는 편견이 있다면, 조금 어렵거나 도전적인 과제를 피하게 될 수 있습니다. 도전에는 실패가 수반되기 마련인데, '뭐든 잘하는 사람'은 실패해서는 안 되기 때문입니다. 그래서 성공 가능성이 높은 아주 쉬운 일들만 찾아서 하게 됩니다. 또한 이들은 새로운 취미를 갖기도 어렵습니다. 아직 익숙하지 않은 일을 배우는 과정에서 틀리고 실수하는 서툰 자신을 용납할 수 없기 때문입니다. '나는 무엇이든 잘하는 사람이어야 한다'는 무거운 편견이 결국 한 발짝도 나아가지 못하게 만들어 버립니다. 혹시 여러분도 스스로에 대한 어떠한 편견을 가지고 있지는 않은지 점검해 보시면 좋겠습니다.

이런 나도 저런 나도, 모두 '나'입니다

스스로에 대한 편견, 나는 이런 사람이어야 한다는 규칙에서 벗어나 마음을 가볍게 하기 위해서는 스스로를 '어떤 사람'으로 정의하고 끝내 버리려는 마음을 내려놓아야 합니다. 자신을 한두 개의 단어나 문장으로 규정하거나 정리해 버리고 끝낼 것이 아니라, 삶을 살아가면서 나에 대한 설명을 계속 업데이트 해나가야 합니다.

업데이트를 멈추고 싶은 마음이 들 수 있습니다. 원래 모든 업데이트는 귀찮고, 앞서 말한 것처럼 우리 뇌는 귀차니즘에 취약하기 때문입니다. 그럼에도 불구하고 업데이트는 필수입니다. 컴퓨터 운영체제의 업데이트도 귀찮다고 제때 해주지 않으면 바이러스나 악성코드에 걸려 더 큰일을 치를 수도 있습니다. 나라는 사람에 대한 업데이트도 계속 해주지 않으면, 나중에는 무거운 짐 덩어리가 되어 우리의 마음을 버겁게 만들 수 있습니다.

MBTI 결과에 따르면 저는 외향형입니다. 그래서인지 사람 만나는 것을 좋아하고 활동적인 것을 좋아합니다. 하지만 어떤 날은 혼자만의 시간이 필요하다고 느끼고 나에게 집중하는 시간이 좋을 때도 있습니다. 외향적인 나, 내향적인 나 모두 나입니다. 예전에는 겁이 많아서 동물이 다가오면 도망가던 저였지만, 지금은 고양이 두 마리의 집사가 되었습니다. 과거의 나도 지금의 나도 모두 나입니다.

인간의 마음은 우주와 같다고 합니다. 그렇기에 '나는 이런 사람이다'라고 규정해 버리는 것은 '여기가 바로 우주의 끝이다'라고 말하는 것처럼 어리석은 생각일 수 있습니다. 어제의 나와 오늘의 나는 다르고, 여름의 나와 겨울의 나는 다릅니다. 상사 앞에서의 나와 친구 앞에서의 나는 다르고, 사랑 앞에서의 나와 우정 앞에서의 나는 다릅니다. 매번 다른 그 모든 나의 총합이 바로 '나'입니다.

'나는 이런 사람이다'라는 말은 적어도 내가 죽음을 앞뒀을 때, 나의 묘비에 남길 말을 생각할 때쯤, 그때가 되어야 아주 조심스럽게 꺼내 볼 수 있는 말 같습니다. '내가 이번 생에 탐험한 나의 우주는 여기까지다'라고 말입니다.

아직 다 살아 보지도 않았는데 나를 쉽게 정의하지 말았으면 좋겠습니다. 당신의 우주는 아직 미지의 영역이 훨씬 넓습니다.

'왜'가 아닌
'어떻게'에 집중하자

어느 날 상담실에 들어오는 현민 씨의 모습이 다른 날보다 유독 피곤해 보였습니다. 무슨 일이 있었는지 묻자 현민 씨는 멈칫하며 답했습니다.

"사실 제가 어제 밤을 새우고 출근했거든요."

"그럼 정말 피곤하겠네요. 어쩌다가 밤을 새우신 거예요?"

"유튜브를 보다가요…."

"아~ 무슨 유튜브요?"

"심리, 마음 관련한 영상들을 계속 보다가…."

현민 씨가 밤새 심리, 마음 관련 영상들을 찾아서 본 이유는 어제 있었던 소개팅 때문이었습니다. 별 기대 없이 나갔던 소개팅이었는데, 마음에 쏙 드는 이상형이 나타나서 놀랍고 기뻤다고 합니다. 그런데 그런 반가움과 동시에 알 수 없는 불안함도 느껴졌습니다. 그래서 자꾸만 어색해지고, 말도 잘 못하고, 상대방의 질문에도 단답형으로 답하거나 동문서 답하기 일쑤였습니다.

소개팅에서 이토록 마음에 드는 사람을 만난 것은 처음이 었는데, 행운을 제 발로 걷어찬 것 같아서 속상했습니다. 소 개팅에서 왜 이렇게 불안해했는지 알 수 없어 답답하고 화가 났습니다. 그래서 그 이유를 찾기 위해 밤새 유튜브를 본 것 이었습니다.

"그래서 왜 그렇게 불안해졌는지는 찾으셨어요?"

"아뇨. 이 영상을 보면 이것 때문인가 싶다가…. 저 영상을 보면 저것 때문인가 싶기도 하고 그렇더라고요. 요즘 회사 에서 스트레스가 많아서 그런가 싶다가도, 성격이 문젠가 싶 고…. 그러다가 또 다른 영상을 보면 이런 게 불안정 애착유 형이라고 하기도 하고…. 모르겠어요."

"소개팅도 망친 거 같아서 속상한데, 밤새 찾아봐도 불안 해진 이유도 모르겠고 그러니까 더 답답하고 속상했겠어요."

"네 맞아요. 하…. 근데 진짜 왜 그럴까요?"

"왜 그토록 불안했는지 같이 한번 들여다보죠. 그런데 우 선 그것보다…. 마음에 들었다던 소개팅 상대분에게 애프터 신청이나 연락은 해보셨어요?"

"네? 어! 아뇨?"

왜가 왜 그렇게 중요해?

'왜'라는 말을 하루라도 쓰지 않은 날이 있을까요? 어쩌면 당신은 지금 이 순간에도 '왜 이런 뻔한 질문을 하지?'라고 생각하고 있을지도 모르겠습니다.

사실 '왜'라는 질문은 정말 중요합니다. 왜냐하면 그 질문이 우리가 삶에서 나타나는 여러 현상들의 원인을 설명하고 이해할 수 있도록 도와주기 때문입니다. 사과가 바닥으로 떨어지는 현상에 대해 뉴턴이 '왜?'라는 질문을 던졌기 때문에 만유인력이라는 개념을 발견할 수 있었던 것처럼 말입니다.

그래서 우리 마음은 익숙지 않은, 혹은 이해할 수 없는 경험을 할 때 자연스럽게 '왜?'라는 질문을 스스로에게 던지게 됩니다. 오늘따라 유독 표정이 좋지 않은 부장님의 얼굴을 보면서 우리 마음은 '왜 오늘 부장님 표정이 저렇게 안 좋지?'라는 질문을 자신에게 던집니다. 그리고 '뭔가 기분이 안 좋으신가 보다'라는 답까지 스스로 내립니다. 그 답을 통해 우리는 '오늘은 부장님 심기를 건드리지 않게 조심해야겠다'라는 행동에 대한 지혜를 얻을 수 있습니다. 만약 부장님의 표정을 보고 '왜?'라는 질문을 하지 않는다면, 눈치 없이 부장님의 심기를 건드리는 행동을 해서 괜한 불상사를 겪게 될지도 모릅니다.

'왜'라는 질문은 나를 설명하기 위해서도 꼭 필요합니다. 내가 경험하는 것, 혹은 나의 생각이나 행동, 감정이 익숙하지 않게 느껴질 때면 우리 마음은 스스로에게 '내가 왜 이러지?'라는 질문을 자연스럽게 던지곤 합니다. 저도 오늘 아침 출근길에 갑자기 기침을 여러 번 하고 있는 제 모습을 발견하고는 '왜 기침이 나오지?'라는 생각을 했습니다. 현민 씨가 소개팅에서 느꼈던 본인의 알 수 없는 불안감에 대해 '왜 그랬지?'라는 질문을 던진 것도 매우 자연스러운 모습입니다. '왜?'라는 질문을 통해 원인을 찾고, 문제를 해결해 나갈 수 있기 때문입니다.

'왜'에 집착할 때 생기는 일

그러나 우린 가끔 지나치게 '왜'에 집착하기도 합니다. '왜'에 집착하는 경우는 주로 '괴로운 감정을 무척 크게 느꼈는데, 원인을 금방 찾을 수 없을 때'입니다. 현민 씨의 경우가 그렇습니다. 현민 씨는 소개팅에서 큰 불안감을 경험했습니다. 불안의 원인을 찾고 싶었지만 단시간에 떠오르지 않았습니다. 그래서 밤까지 새우며 '왜'에 집착하게 된 것입니다.

'왜'에 집착할 때 생기는 가장 큰 문제는 마음이 복잡해지고 무거워진다는 것입니다. 원인만 찾다가 지금 가장 중요한 게 무엇인지를 놓치기도 합니다. 현민 씨는 밤을 새워가며 불안의 이유를 찾았지만, 정작 마음에 들었던 소개팅 상대에게는 연락조차 하지 않았습니다. 누군가는 '내가 친구를 잘못 사귀는 이유'만 찾다가 가장 중요한 '말 걸기'를 하지 않습니다. 다른 누군가는 '내가 왜 이렇게 우울하지?'라는 질문의 답을 찾고자 고민하고, 지난 세월을 돌이켜보기만 하느라 정작 기분이 좋아질 만한 행동을 고민하거나 시도하지 않습니다.

원인에 대한 집착이 무엇보다 안타까운 것은 아무리 애써도 정확한 원인을 찾을 수 없을 때가 더 많기 때문입니다. 사실 명확한 원인이 있다면 '왜'라는 질문을 한두 번만 던져보아도 금방 답을 찾을 수 있기에 집착할 일도 없습니다. 사랑하는 사람이 나를 왜 떠나갔는지, 오늘따라 부장님은 왜 화가 났는지, 요즘 들어 왜 이렇게 무기력한지…. 이런 삶의 문제들은 원인을 찾을 수 있을 때보다 찾을 수 없을 때가 더 많습니다. 찾아낸 원인도 대부분 확실한 정답이 아닌 추측에 불과합니다.

원인에 대한 환상

우리는 '원인을 알기만 하면 문제가 쉽게 해결될 것이다'라는 환상을 가지고 있어서 '왜'에 더 집착하게 됩니다. 지금 겪고 있는 문제가 너무 괴롭고 고통스러울 때, 그 시간을 견디기 위해 우리 마음은 어떠한 '희망'이 필요합니다. 이럴 때 가장 쉽게 떠오르는 희망이 바로 '원인'입니다. 지금까지의 삶에서 원인을 찾아서 해결해 본 경험이 분명히 있기 때문입니다. 그래서 '원인만 찾으면 내가 문제를 해결할 수 있을 것

나에게 괜찮냐고 물어본 적이 없었다

이다. 내가 지금 괴로운 이유는 아직 명확한 원인을 찾지 못했기 때문이다'라는 막연한 환상을 갖게 됩니다.

그러나 앞서 말한 것처럼 정확한 원인을 찾는 일은 어렵고, 하물며 원인을 찾았다고 해도 그것이 바로 문제의 해결로 이어지지 않는 경우도 많습니다. 나의 의지로 통제할 수 없는 요인이 대부분이기 때문입니다. 이처럼 통제할 수 없는 요인과 맞닥뜨렸을 때, 유일한 희망이었던 원인을 찾았음에도 문제가 해결되지 않는다는 사실에 희망은 좌절됩니다. 그리고는 다른 '진짜 원인'이 있을지도 모른다는 생각에 또다시 '왜'에 집착합니다.

현민 씨가 소개팅이 끝나고 밤새 찾아낸 불안의 원인도 마찬가지입니다.

'요즘 회사에서 스트레스가 많아서 그렇다.'

'성격에 문제가 있어서 그렇다.'

'불안정 애착유형이라서 그렇다.'

요즘 회사에서 받았던 스트레스는 이미 지나간 일이라 되돌릴 수 없습니다. 성격에 문제가 있다고 해서 그것을 당장 개선할 수도 없습니다. 성격은 어린 시절부터 오랜 시간에 걸쳐 형성된 것이기 때문입니다. 불안정 애착유형도 마찬가지입니다. 기억도 나지 않는 어린 시절, 부모와 형성한 애착 관계를 바꾸기 위해서는 타임머신을 타고 과거로 돌아가는 수밖에 없습니다. 즉, 원인을 알아도 해결할 수 없을 때가 더 많다는 것입니다. 따라서 우리는 문제의 원인을 파악하려 집착하기보다는 문제를 해결하는 데 더 집중할 필요가 있습니다.

Why(왜)는 경유하고 Want(바람)에 집중하기

외국으로 여행을 갈 때, 목적지에 따라 경유지를 거쳐야 하는 경우가 있습니다. 짧게는 몇 시간, 길게는 하루 정도 경유지에 들렀다가 목적지로 이동해야 합니다. 우리는 이 경유지에 큰 기대를 갖지 않습니다. 잠깐 들렀다가 가는 곳이고, 그 잠깐 동안 뜻밖의 좋은 경험을 하게 될 수는 있지만 그 자체가 목적이 되는 경우는 없습니다.

우리가 보다 가벼운 마음으로 삶을 살아가기 위해서 'why(왜)'라는 질문은 경유지가 되어야 합니다. 갑자기 배가 아프면 '왜 이렇게 배가 아프지?'라는 생각이 떠오를 수밖에 없습니다. 그러나 우리는 이 생각에 오래 머물지 않아야 합니다. 그 순간 내가 원하는 것은 '빨리 복통에서 벗어나는 것'입니다. 우리는 이 'want(바람)'에 집중해야 합니다. 그래야 빠르게 내 배를 따뜻하게 해주고, 병원에 갈 수 있습니다.

현민 씨의 경우, 소개팅에서 갑자기 불안해진 원인을 찾는 것도 중요하지만, 그보다는 '마음에 들었던 상대방에게 대시하는 것'이 더 중요합니다. why보다는 want에 집중하고 그 것을 행동에 옮겼을 때, 오히려 그토록 궁금해하던 원인을 뜻밖에 찾게 되기도 합니다. 배가 아프면 우선 병원에 가야

나에게 괜찮냐고 물어본 적이 없었다

병명을 알 수 있고, 마음에 드는 상대방에게는 대시를 해보
아야 상대에게 승낙이나 거절의 이유를 들을 수 있는 것처럼
말입니다. 행동의 결과를 통해 내가 추측한 원인이 맞았는지,
틀렸는지도 확인해 볼 수 있습니다.

　마음이 너무 힘들고 괴로울 때마다 '왜 이렇게 힘들지? 뭐
가 문제지?'라는 생각이 떠오를 수 있습니다. 그러나 이 생각
에 오래 머물지 않기를 바랍니다. 그보다는 '지금 어떻게 하
면 내 마음이 덜 힘들어질 수 있을까?'에 집중하면 좋겠습니
다. 가끔은 힘들게 원인을 찾는 것보다, 기분이 좋아지는 아
이스크림을 하나 사주는 것이 내 마음에게는 좀 더 힘이 될
수 있습니다.

안다고 해서
다 할 수 있는 건 아니다

다연 씨는 직장에서 매우 심각한 수준의 스트레스를 겪고 있습니다. 출근 전날에는 속이 메슥거려서 밥도 먹지 못한 지가 오래되었고, 몸이 이곳저곳 자주 아파서 병원에 가 보면 듣게 되는 말은 항상 '스트레스성'이었습니다. 오죽하면 작년 말부터는 탈모까지 시작되었습니다.

그런 다연 씨가 상담실에서 꺼낸 말은 다름 아닌 "모르겠어요"였습니다. 그런 다연 씨에게 어떤 걸 모르시겠냐고 되물었습니다. 다연 씨는 약간은 짜증 섞인 목소리로 답했습니다.

"어떻게 해야 제가 이렇게 고통스럽게 스트레스를 겪지 않을 수 있을지 모르겠다는 거죠."

고통스러운 스트레스를 겪고 있는데, 벗어날 방법을 도저히 모르겠다면 좌절 그 자체일 것입니다. 그러나 저는 다연 씨가 방법을 모르고 있는 것 같지 않았습니다.

"다연 씨, 정말로 모르시는 건가요?"

이렇게 진지하게 되묻자, 다연 씨는 잠시 멈칫하다가 풀이 죽은 목소리로 말했습니다.

"사실 알죠. 고통에서 벗어날 수 있는 방법은 퇴사라는 걸 저도 알고 있어요. 주변에서도, 병원에서도 모두 그렇게 말하고요."

"모르는 게 문제는 아니군요."

"맞아요. 알고 있죠. 문제는 아는데도 퇴사를 못 하고 이러고 있는 제가 문제인 거죠. 방법이 퇴사밖에 없다는 걸 알면서도 못 하고 있는 제가 바보 같아요."

"모르겠어요"

지금까지 상담을 하면서 가장 많이 들었던 말들을 손꼽아 본다면 그중 하나가 "모르겠어요"인 것 같습니다. 많은 분들이 지금 겪고 있는 괴로움에서 벗어날 수 있는 방법을 모르겠다고 호소하면서 상담실을 찾아오십니다. "가족에게 자꾸만 상처를 받아요. 어떻게 해야 할지 모르겠어요." "앞으로 어떻게 살아야 할지 모르겠어요." "애인과 헤어져야 할지 계속 만나야 할지 모르겠어요." 어떤 분들은 정말로 방법을 모르는 경우도 있습니다. 그럴 때는 상담에서 그 방법을 함께 찾아보기도 합니다.

그러나 다연 씨처럼 사실은 이미 알고 있지만, 모른다고 여기고 있는 경우가 더 많은 것 같습니다. 어쩌면 이미 상담에 오기 전에 주변 사람들로부터, 혹은 인생의 지혜를 담은 책들로부터, 혹은 본인의 과거 경험으로부터 지금 겪고 있는 괴로움을 극복할 수 있는 방법을 알게 되었을 수 있습니다. 그래서 다연 씨처럼 '실은 나도 알고 있었다'는 사실을 상담에서 마주하게 되기도 합니다.

진짜 문제는 여기서부터 시작됩니다. 사실은 알고 있었던 것이든, 몰랐던 것을 알게 된 것이든, 분명히 아는데도 안 된다는 것입니다. 몰라서 못 한 거면 '몰라서 못 했다'라는 말로 합리화할 수 있지만, '알면서도 못 하는' 내 모습은 용납하기 어렵습니다. 그래서 많은 사람들이 본인이 겪고 있는 어려움에서 벗어날 방법을 '모른다'라고 돌려말하고 있는 것일 수도 있습니다. 아는데도 못 하는 내 모습보다, 몰라서 못 하는 내 모습을 보는 편이 마음을 한결 편하게 만들기 때문입니다.

알아도 못 할 수도 있다

우리는 뭔가를 모를 때보다는 알 때, 해낼 수 있는 가능성이 더 높아집니다. 구구단을 모를 때보다 알고 있을 때 곱셈 문제를 더 잘 풀 수 있는 것처럼 말입니다. 그러나 안다고 해서 반드시 할 수 있는 것은 아닙니다. 구구단을 배웠어도 곱셈 문제를 틀릴 수 있습니다. 어떻게 해야 살을 뺄 수 있는가를 모르는 사람은 없습니다. 적게 먹고 많이 움직이면 됩니다. 그러나 모든 사람이 다이어트에 성공하지는 않습니다. 담배가 몸에 해로운 것을 모르는 사람은 없습니다. 그러나 모두 금연을 하지는 않습니다.

그럼에도 가끔 우리는 '알면 할 수 있어야 한다'고 생각합니다. 그런 생각이 굳어지면 또 하나의 규칙이 되어 마음을 무겁게 합니다.

제가 상담심리사가 되기 위해 열심히 수련하던 시절의 어느 날이 떠오릅니다. 상담심리사 수련 과정에는 자신이 진행하고 있는 상담사례에 대해서 수련 감독 선생님에게 집중적인 지도를 받는 시간이 있습니다. 이것을 '수퍼비전' 과정이라고 말합니다. 늘 그렇듯 그날의 수퍼비전에서도 저는 신나게 혼이 나고 있었습니다. 그러나 그날은 저에게 유독 괴로웠습니다. 혼이 난 지점이 지난 시간에도, 그 전 시간에도 지적받았던 똑같은 부분이었기 때문입니다.

어쩜 이리 똑같은 잘못을 반복하는지, '나는 정말 상담사가 될 수 없는 사람 아닐까?'라는 생각에 너무나 괴로웠습니다. 분명히 다시 배우고 공부했음에도 왜 바뀌지 않는지 너무나 답답했습니다. 그날은 그런 답답함을 수퍼바이저 선생님에게 털어놓았습니다.

"선생님, 지난 시간에도 지지난 시간에도 선생님이 분명히 알려주신 건데, 왜 저는 또 이러고 있는 걸까요. 너무 답답하고 속상해요."

수퍼바이저 선생님은 제 말을 듣자마자 속상한 마음이 뻘쭘해질 정도로 껄껄 웃으시면서 답하셨습니다.

"아니 함 선생, 안다고 해서 그게 다 되면 함 선생이 프로이트(Freud, 정신분석의 창시자) 하지 왜 여기 있겠어. 나도 아는 대로 잘 안 돼. 원래 그런 거야."

수퍼바이저 선생님의 말을 통해 제 마음을 다시 한번 돌아볼 수 있었습니다. 어쩌면 저도 이 당시에 '알면 할 수 있어야 한다'라는 마음의 규칙을 가지고 있었던 것 같습니다. 이 당연한 규칙조차 지키지 못하는 스스로를 용납할 수 없었고, '상담사가 될 자격이 없다'라는 파국적인 생각으로까지 이어졌습니다. 이때 수퍼바이저 선생님을 통해 제 마음의 규칙을 점검하지 않았더라면 저는 상담사가 되는 것을 포기해 버렸을지도 모릅니다.

알지만 되지 않는 것이 당연한 이유

지금까지 상담을 하면서 과거의 저와 같은 마음의 규칙('알면 할 수 있어야 한다')을 가지고 있는 분들을 많이 만나볼 수 있었습니다. 이 마음의 규칙은 내가 무언가를 알지만 아는 대로 실천하지 못할 때, 우리의 마음을 한없이 무겁게 만듭니다. 사연 속 다연 씨처럼 지금의 괴로움에서 벗어날 수 있는 건 퇴사밖에 없다는 것을 알고는 있지만, 퇴사를 하지 못하고 있을 때가 바로 그런 순간입니다.

다연 씨는 그 순간 '알면 할 수 있어야 한다'라는 마음의 규칙을 어겼기 때문에 마음이 매우 불편해집니다. 이러한 불편함을 없앨 수 있는 방법은 모르는 척해버리는 것뿐입니다. 몰라서 못 한 것은 마음의 규칙을 어기지 않은 것이기 때문입니다. 그렇게 모르는 척하는 상태에 머물면서 마음속으로 생각합니다.

'뭔가 더 좋은 방법을 알게 되면 문제를 해결할 수 있을 거야.'

더 좋은 방법을 찾기 위해 주변에 물어보기도 하고, 책도 읽어 보고, 유튜브에서 관련된 영상도 찾아봅니다. 그러나 안타깝게도 문제는 명쾌하게 해결되지 않습니다. 최선의 방법을 이미 알고 있기 때문입니다. 이처럼 마음의 규칙은 마치 함정처럼 '모르기 때문에 할 수 없는 상태'에 우리를 계속 머물게 합니다. 이런 마음의 규칙에서 자유로워지고 마음을 가볍게 하기 위해서는 '알지만 못 할 수도 있다'는 사실을 인정해야 합니다.

아는 것을 그대로 실천할 수 있는 것은 AI밖에 없습니다. 수많은 바둑 기보를 배우고 그것을 실전에서 바로 완벽하게 적용하는 알파고처럼 말입니다. 우리가 사람인 이상, 알아도 아는 대로 되지만은 않습니다. 다이어트할 때 닭가슴살이 좋은 걸 알아도 가끔은 치킨을 먹고 있을 것이고, 더 공부해야 합격할 수 있다는 걸 알아도 어느샌가 유튜브를 보고 있을 것입니다. 우리가 모두 불완전한 인간이기 때문입니다. 다연 씨가 퇴사를 해야 건강해질 수 있다는 걸 알면서도 퇴사하지 못하는 이유도 마찬가지입니다.

우리는 인간이기에 완벽할 수 없습니다. 그런 우리에게 필요한 건 나름의 최선을 다하고, 그런 자신을 격려해 주는 태도입니다. 아는 것을 100퍼센트 실천하지 못해도 괜찮습니다. 내가 아는 것 중 단 1퍼센트라도 실천했다면, 그런 나를 격려해 주어야 합니다. 다이어트를 할 때 1시간을 꽉 채워 운동하지 못했더라도 귀가하며 1분이라도 더 걸었다면, 빡빡한 식단을 지키지 못했더라도 한 번이라도 닭가슴살을 먹었다면, 그런 나를 아낌없이 칭찬하고 위로해 주어야 합니다.

퇴사해야 한다는 것을 알지만 퇴사가 어려운 다연 씨도 마찬가지입니다. 알아도 잘 안 되는 스스로에게 건네야 할 말은 '바보 같다'라는 비난이 아닌 '고생한다'라는 위로와 격려입니다. 그런 위로와 격려를 통해 정말 퇴사할 수 있는 용기와 동력을 얻을 수 있습니다.

바로 지난 시간에 배웠던 문제가 시험에 나왔는데, 그걸 틀려서 속상해하고 있는 친구가 있다면 여러분은 어떤 말을 건넬 건가요? 만약 당신이 나쁜 친구라면 "야, 이거 지난 시간에 배운 거잖아. 이걸 틀리면 어떡해"라며 비웃을 것입니다.

그러나 좋은 친구라면 "지난 시간에 배운 건데 틀려서 더 속상하겠다. 괜찮아. 알아도 틀릴 수도 있고 실수할 수도 있지. 다음에 잘해보자"라고 말할 것입니다.

저는 여러분들이 자기 자신의 좋은 친구가 되어 주길 바랍니다. 아는데도 잘 되지 않을 때, 그 순간 스스로를 비난하지 말고 '알아도 안 될 수 있다'라고 자신을 위로해 주면 좋겠습니다.

내 인생의 마지막 변호사는
나 자신이다

진우 씨는 오늘도 어두운 방에서 혼자 술을 마시고 잠이 들었습니다. 퇴근 후 늦은 밤 혼자 있을 때면, 떠올리기 싫은 과거 자신의 모습들이 자꾸만 떠올라 후회스럽고 괴롭습니다. 그 기억과 괴로움을 잊으려면 술이라도 많이 마시고 잠이 드는 수밖에 없습니다.

진우 씨의 지난 삶을 돌이켜 보면 참으로 안타깝고 서러운 일이 많았습니다. 학창 시절 내내 부모님의 사이가 좋지 않아 직간접적인 가정폭력의 아픔을 겪어야 했고, 중학교 때는 왕따를 당한 적도 있습니다. 대학교 때는 학과 내에서 억울한 소문이 퍼져서 곤란했던 적이 있고, 직장 생활 3년 차에는 믿었던 지인에게 사기를 당해 큰돈을 잃은 적도 있었습니다.

이처럼 진우 씨의 과거는 참으로 불행했습니다. 그러나 지금 진우 씨를 괴롭히는 것은 과거의 일들이 아니었습니다. 지금의 진우 씨를 불행하게 하는 것은 과거 그 자체보다 '과거의 나에 대한 후회'였습니다.

진우 씨는 본인이 가정폭력을 경험했다는 사실 자체보다 아빠의 폭력을 내가 막아서지 못했다는 생각, 신고조차 하지 못했다는 후회로 괴롭습니다. 중학교 때 나를 따돌리고 괴롭혔던 그들보다, 그들에게 당당하게 맞서지 못하고 아무 저항도 하지 못했던 나 스스로에게 화가 나고 창피합니다. 학과에 돌았던 소문에 대한 억울함보다 적극적으로 해명하고 문제를 해결하지 않았던 내가 싫습니다. 나에게 사기를 친 지인보다 사람을 함부로 믿었던 나 스스로가 바보 같고 밉습니다.

과거의 나에 대한 후회, 그 후회는 진우 씨의 마음을 한없이 무겁게 만들었습니다. 무겁게 짓눌린 마음이 숨 쉴 수 있게 돕는 방법이라고는 술에 만취해 아무 생각도 나지 않게 만드는 것뿐이었습니다.

시간을 되돌릴 수 있다면

우리는 누구나 크고 작은 후회를 합니다. 저도 지금 후회하고 있습니다. 몇 시간 전 강의에서 분위기를 썰렁하게 만드는 농담을 했던 제 모습이 후회스럽습니다. 가깝게는 몇 시간 전의 과거, 멀게는 몇십 년 전의 과거 속 내 모습을 떠올려 보면 꼭 후회되는 기억들이 있습니다. 분명히 매 순간 후회하지 않으려고 노력하며 살았던 것 같은데, 뒤를 돌아보면 항상 후회가 남습니다.

사실 후회가 꼭 나쁜 것은 아닙니다. 과거의 나를 후회하며 반성하고, 이를 성장의 계기로 삼아 앞으로 더 좋은 선택을 할 수도 있기 때문입니다. 그러나 딱 거기까지입니다. 앞으로의 더 좋은 선택을 위한 배움, 그 이상으로 후회가 사용되면 그때부터 우리는 후회로부터 아무것도 배울 수 없습니다. 배움은커녕 절망만 반복될 뿐입니다.

과거에 대한 지나친 후회가 절망이 될 수밖에 없는 건 과거는 우리가 통제할 수 없는 것이기 때문입니다. 책의 서두에서 말했던 것처럼 '통제할 수 없는 것에 대한 집착'은 우리의 마음을 무겁게 만드는 칼로리가 높은 생각입니다. 우리 삶에는 통제할 수 없는 것들이 정말 많지만, 그중에서도 과거는 통제할 수 있는 가능성이 완전히 0%입니다.

사실 저도 시간을 되돌릴 수 있다면 몇 시간 전으로 돌아가 강의에서 썰렁한 농담을 했던 제 입을 막아 버리고 싶습니다. 그러나 우리는 절대 과거에 있었던 일을 바꿀 수 없습니다. 타임머신이나 타임슬립은 영화에서나 가능한 허구입니다. 그런 영화들이 인기가 많은 것은 어쩌면 모두가 간절히 바라지만 불가능한 것들을 상상할 수 있도록 도와주기 때문일지도 모릅니다.

후회에서 절망으로

상담실에서는 사람들의 수많은 후회를 듣습니다.

'그때 재수를 하지 말았어야 했는데….'

'그때 좀 더 그 회사에서 버텼더라면….'

'그때 어머니께 모진 말을 하지 않았다면….'

'그때 공무원 준비만 하지 않았어도….'

'그때 진작 헤어졌더라면….'

이렇게 대부분의 후회는 '그때 내가 ~을 했다면(하지 않았다면)'이라는 뒤가 완성되지 않은 문장으로 마음속에 남아 있습니다. 상담에서 이런 후회의 문장들을 들을 때면 완성되지 않은 문장의 뒷부분을 여쭤보곤 합니다. 그러면 대부분 이런 답변이 돌아옵니다.

"지금과는 달랐을 거예요."

사실 이 답변은 완전히 타당합니다. 우리 삶은 연속된 선택과 결과의 순환이기 때문입니다. 과거에 다른 선택을 했다면 지금은 뭔가 달라졌을 것이 분명합니다. 즉, 과거의 나는 현재의 나의 원인이 될 수 있습니다. 어쩌면 그때 재수를 하지 않았다면, 지금 좀 더 좋은 직장에 다니고 있을지도 모릅니다. 그때 그 사람과 진작 헤어졌더라면, 지금 좀 더 행복한 삶을 살고 있을지도 모릅니다.

그러나 안타깝게도 과거는 이미 지나가 버렸습니다. 내가 어떻게든 바꿀 수 있는 것이 원인이라면 노력이라도 해보겠지만, 이미 지나가 버린 과거는 무슨 수를 써도 바꿀 수가 없다는 것을 압니다. 그 결과 후회는 자연스럽게 '이미 글렀다'라는 절망으로 이어집니다.

불행한 과거를 수용해야 하는 이유

어떤 불행한 과거는 내가 선택한 것이 아니기에 더 절망스럽기도 합니다. 여기 한 형제의 이야기가 있습니다.

그들은 찢어지게 가난한 집에서 태어났습니다. 형제는 모두 '가난'이라는 슬프고 안타까운 과거를 공유하고 있습니다. 역시나 그들의 삶은 녹록지 않았습니다. 번번이 가난이라는 과거가 그들의 삶을 좌절시켰습니다.

그런 좌절의 순간마다 형은 가난이라는 그의 과거가 너무나 원망스러웠습니다. 성인이 된 후에도 일이 뜻대로 풀리지 않을 때면 '나는 왜 이런 가난한 집에서 태어났을까?', '우리 집이 조금만 더 잘살았다면 내가 이렇게 고생할 필요도 없을 텐데'라는 생각에 몰두했습니다. 생각에 몰두하다 보니 화가 치밀어 오르고 '이미 글렀다'라는 절망으로 이어졌습니다. 결국 형은 더 이상의 노력을 멈춰 버립니다. 형은 누구보다 가난에서 벗어나고 싶었던 사람이지만, 안타깝게도 계속 가난에 머물고 맙니다.

하지만 좌절의 순간 동생은 형과 달랐습니다. 과거가 원망스러웠지만 그 생각에 몰두하지는 않았습니다. 동생의 마음속에 가난이라는 과거는 '슬픈 것, 안타까운 것, 그러나 어찌할 수 없는 것'으로 정리되어 있었습니다. 동생이 더욱 몰두했던 것은 '어떻게 하면 더 잘살 수 있을까?'였습니다. 남들보다 불리한 조건이었기에 더 노력했습니다. 동생에게 부자가 되는 기적까지는 일어나지 않았지만, 적어도 가난에서는 벗어날 수 있었습니다.

형과 달리 동생이 가난에서 벗어날 수 있었던 이유는 과거를 대하는 태도의 차이에서 비롯된 것이었습니다. 형은 과거에 집착하고 몰두했으나, 동생은 과거를 그저 수용했습니다. 노력해도 바뀌지 않는 과거를 쫓는 에너지는 절약하고, 노력하면 바꿀 수 있는 현실을 쫓는 데 에너지를 투자하며 현재를 바꿔 나갔습니다.

내가 선택하지 않은 불행한 과거, 그것은 나에게 분명한 약점일 수 있습니다. 그런 과거가 없었던 사람들에 비해 어떤 면에서는 출발선이 더 뒤에 그어져 있는 것과 같습니다. 그럼에도 불구하고 우리가 할 수 있는 것은 그저 더 열심히 달리는 것입니다. 시작부터 앞서 있는 다른 사람들이 부러울 것이고, 노력해도 좁혀지지 않는 격차에 속상할 수도 있습니다. 그래도 여전히 할 수 있는 것은 그저 달리는 것입니다.

출발선의 불리함만 원망하고 집착하면 오직 남는 것은 출구 없는 절망뿐입니다. 달린다면, 달리기만 한다면 분명히 조금씩이라도 앞으로 나갈 수 있습니다. 그 변화에서 우리는

희망을 찾을 수 있습니다. 저는 당신이 절망보다는 희망에
투자하기를 바랍니다.

과거 속 나의 변호사가 되어 주기

때로는 가난과 같은 과거의 '환경'이 아니라, 과거의 '나'에
대한 후회에 집착할 때도 있습니다. 진우 씨처럼 말입니다.
진우 씨의 후회들을 하나씩 천천히 들여다보기로 했습니다.

"엄마를 향한 아빠의 폭력을 진우 씨가 막지 못했던 이유
가 있었나요?"

"그야 제가 비겁하고 용기가 없었으니까요."

"아빠가 엄마를 때리던 장면이 기억나세요?"

"아빠는 술에 취해 있었고, 온갖 욕설과 함께 온 집안의 물
건을 집어 던졌어요. 심지어 술병 같은 위험한 물건도요."

"그때 아빠 표정이 기억나세요?"

"공포스러웠어요. '엄마를 죽이는 건 아닐까?'라는 생각이
들 정도로요."

"진짜 무서웠겠어요. 그때 진우 씨는 몇 살이었어요?"

"초등학교 4학년쯤이었어요."

"초등학교 4학년 아이가 술병을 집어 던지고, 사람 죽일
것 같은 무서운 표정으로 위협하는 아빠를 막아서지 못한 걸
비겁하다고 할 수 있을까요?"

"…사실 저도 정말 무서웠던 것 같아요. 솔직히 그때로 돌

나에게 괜찮냐고 물어본 적이 없었다

아가도 저는 막아서지 못했을 거예요."

이처럼 진우 씨가 아빠를 막아서지 못했던 건 어찌 보면 당연한 것이었습니다. 괴롭히던 아이들에게 맞서지 못한 것도, 억울한 소문에 적극적인 해명을 하지 못했던 것도, 사기친 지인을 믿었던 것도…. 이야기를 자세히 나누어 보니 사실은 다 그럴만한 이유가 있었습니다.

우리가 후회하고 있는 과거의 내가 그랬던 데는 분명 그럴만한 나름의 이유가 있습니다. 그 이유를 다른 사람은 모를 수 있지만, 나만은 분명히 알고 있습니다. 그렇기에 결국 내 편이 되어 줄 사람은 나밖에 없습니다.

저는 당신이 과거 속 당신의 변호사가 되어 주었으면 합니다. 잘못이 없다면 결백을 열심히 주장해 주고, 잘못했을지언정 정상참작을 위해 애써 줬으면 좋겠습니다. 검사처럼 과거의 나에게 자꾸만 죄를 묻고, 벌을 주려고 노력하지 않았으면 합니다.

오늘만큼은 후회되는 과거의 당신에게 '너는 대체 그때 왜 그랬니'라고 다그치지 말고 '그때 왜 그럴 수밖에 없었는지'를 다정하게 물어봐 주면 어떨까요? 적어도 당신만큼은 과거의 당신을 옹호하고, 위로하고, 격려해 주었으면 좋겠습니다.

걱정에게
먹이를 주지 마라

형준 씨는 오늘도 역시 미간을 잔뜩 찌푸린 채로 상담실 의자에 앉았습니다. 그리고는 지난번 상담 때와 마찬가지로, 여러 가지 걱정을 꺼내놓기 시작했습니다. 형준 씨가 하는 걱정의 스펙트럼은 정말 다양했습니다.

"선생님, 저 이번 일에서 실수하면 어떡하죠?"

"선생님, 저 회사에서 잘리면 어떡하죠? 요즘 새 일자리 구하기도 힘든데…."

"선생님, 저 요즘 들어 몸이 너무 안 좋은데 몸에 어디 문제 생긴 거 아닐까요?"

"선생님, 저 이러다가 결혼도 못 하면 어떡하죠?"

"선생님, 제가 자꾸 이런 얘기만 해서 선생님이 절 싫어할까 봐 걱정돼요."

형준 씨의 다양한 걱정은 일상 전반에 영향을 미치고 있었습니다. 걱정이 머리를 가득 채워서 업무 집중력이 떨어졌고, 실수할까 봐 더 노심초사하게 되었습니다. 퇴근하면 일은 끝나지만, 걱정은 끝나지 않습니다. 취미생활을 해보려고 해도, 그것에 대한 걱정으로 생각만 하고 시작하지 못했습니다. 매 순간 수많은 걱정에 시달리다 보니 식욕도 떨어지고 잠도 잘 자지 못했습니다. 정말 어렵게 잠이 들어도 새벽에 자꾸 깨어나기 일쑤였습니다.

이런 생활이 반복되니 두통은 기본이고, 전에는 없던 여러 가지 신체적 증상도 나타났습니다. 그러면 또다시 그 신체적 증상들에 대한 걱정이 이어집니다. 형준 씨는 이런 걱정의 늪에서 하루하루 지옥 같은 나날을 보내고 있었습니다.

우리가 계속 걱정하는 이유

우리는 항상 크고 작은 걱정과 함께합니다. 지금 이 글을 쓰고 있는 순간에도 저의 마음 한 켠에는 '이 문장이 너무 허접하게 보이면 어떡하지?', '이 책을 아무도 안 읽어 주시면 어떡하지?'라는 걱정이 자리 잡고 있습니다. 여러분은 요즘 어떤 걱정을 하고 있나요? '취업이 안 되면 어떡하지?' '저 사람이 나를 안 좋게 생각하면 어떡하지?' '실수하면 어떡하지?' '무슨 일이 생기면 어떡하지?' 걱정은 마치 평생 회원권을 끊어놓은 진상 손님처럼 평생을, 불시에, 반갑지 않게 우리 마음에 찾아옵니다. 우리가 걱정 없는 삶을 꿈꾸는 이유는 어쩌면 걱정 없는 삶이란 존재하지 않는다는 것을 알고 있기 때문일지도 모르겠습니다. 우리는 왜 자꾸 걱정할까요? 걱정 없는 삶은 정말 없는 걸까요?

걱정의 다른 말은 '부정적 예측' 혹은 '부정적 착각'입니다. 진화론적 관점에서 살펴보면, 우리가 습관처럼 걱정하는 이유는 바로 이 '부정적 예측, 착각'이 '긍정적 예측, 착각'보다 생존에 더 유리하기 때문입니다.

원시 시대를 생각해 보면, 풀숲에서 들리는 부스럭거리는 소리를 '토끼'로 예측하는 것보다 '호랑이'로 예측하는 것이 생존에 유리합니다. 호랑이로 예측했는데 토끼가 나오면 뜻밖의 저녁거리를 얻는 것이지만, 반대로 토끼로 예측했는데 호랑이가 튀어나오면 뜻밖의 죽음을 맞을 수도 있기 때문입니다. 마찬가지로 막대기를 뱀으로 착각하는 것이 뱀을 막대기로 착각하는 것보다 생존에 유리합니다. 농경사회에서는 '비가 오지 않을 수 있다'라는 부정적 예측을 해야 농사에 필요한 물을 모아 놓는 저수지를 만들 수 있었습니다. '비가 올 것이다'라는 긍정적인 예측을 하면 가뭄이 왔을 때 모두 굶어 죽을 수도 있습니다.

인류는 이렇게 부정적인 예측, 부정적인 착각을 통해 생존하며 진화해왔습니다. 우리가 '잘될 거야'라는 긍정적 예측에 오래 머물지 못하고, 부정적 예측, 즉 걱정에 오래 머물게 되는 것은 매우 자연스러운 모습입니다.

예측할 수 없는 것을 예측하려 할 때

이처럼 걱정은 생존과 관련이 있습니다. 그러나 '생존하는 것^{survival}'과 '잘 사는 것$^{well-being}$'은 다릅니다. 물에 빠져 죽을 수도 있으니 물 근처에도 가지 않는 것이 생존에는 유리할 수 있으나, 그것이 잘 사는 모습이라고 보기는 어렵습니다. 이럴 때는 생존과 잘 사는 것 사이에서 적당한 타협점을 찾아야 합니다. 가령, 구명조끼를 끼고 물놀이를 하는 것처럼 말입니다. 걱정도 마찬가지입니다. 걱정에 충실한 것이 생존과 안전에는 도움이 될 수 있으나, 그것이 지나치면 삶을 괴롭게 합니다. 마치 '살아도 사는 게 아닌 것'처럼 말입니다.

우리 삶을 괴롭게 하는 지나친 걱정들의 공통점이 있다면 '예측할 수 없는 것을 예측하려 한다'는 점입니다. 우리가 가장 예측하기 어려운 것은 '미래'와 '타인'입니다. 그렇기에 우리 삶을 괴롭히는 지나친 걱정들은 보통 '미래'와 '타인'에 대하여 'as if(만약 ~하면 어떡하지)'의 형태로 나타납니다. 하지만 앞으로 내 미래가 어떻게 될지, 상대방이 어떻게 생각하고 행동할지는 우리가 결코 정확히 예측할 수 없기에 '만약 ~하면 어떡하지?'라는 질문의 대답은 영원히 오리무중일 수밖에 없습니다.

걱정을 놓지 못하는 이유

'걱정도 습관이다'라는 말이 있습니다. 이 세상에 존재하는 모든 습관은 그것이 좋은 습관인지 나쁜 습관인지를 떠나 분명히 나에게 주는 유익함이 있기에 유지됩니다. 운동이 습관이 된 사람은 그 운동을 통해 건강이라는 유익함을 얻고 있기에 계속 운동을 합니다. 흡연이 습관이 된 사람은 흡연을 통해 마음의 안정감을 얻기에 계속 담배를 피웁니다. 이것은 미래와 타인에 대한 걱정에서도 마찬가지입니다. 우리가 그런 걱정을 통해 얻는 유익함은 무엇일까요? 아이러니하게도 미래와 타인에 대한 걱정을 통해 얻는 가장 큰 유익함은 '걱정한 일이 일어나지 않는다'는 것입니다.

사실 우리가 지나치게 걱정하는 대부분의 일들은 실제로 일어나는 경우보다 일어나지 않는 경우가 훨씬 많습니다. 혹은 일어났는지 확인하기가 어려운 경우가 많습니다. 예를 들어 '오늘 회사에서 실수하면 어떡하지?'라는 걱정이 든다면 실수하지 않으려고 일을 더 꼼꼼하고 열심히 하게 됩니다. 그 결과 실수가 생기지 않습니다. '저 사람이 나를 싫어하면 어떡하지?'라는 걱정을 한다면, 나쁘게 보이지 않기 위한 노력을 하게 됩니다. 그러면 결국 상대방은 나를 나쁘지 않게 보거나, 혹은 나쁘게 보더라도 내가 그걸 확인하는 일은 잘 생기지 않습니다.

결국 내가 걱정한 결과, 걱정했던 일이 일어나지 않았습니다. 이런 경험이 반복되다 보면 우리의 무의식은 걱정과 결과를 인과관계로 인식해 버립니다. 즉, '걱정을 하니까(원인) 걱정하는 일이 안 생긴다(결과)'가 되어 버리는 것입니다. 걱정을 통해 결과를 통제하는 것 같은 무의식적인 착각에 빠집니다.

원인	결과
실수하면 어떡하지?	실수 안 함
싫어하면 어떡하지?	안 싫어함

다시 말하지만, 이 과정은 이성적인 의식의 영역이 아니라 매우 비이성적인 무의식의 영역에서 일어나는 것입니다. 따라서 의식적으로는 지금 이 걱정이 쓸모없다는 것을 알아도, 무의식에서 이 걱정을 놓지 못하게 됩니다. 걱정을 해야만 걱정하는 일이 발생하지 않을 것 같기 때문입니다. 그렇게 마음은 켜켜이 쌓여가는 걱정 속에서 한없이 무거워질 수밖에 없습니다.

가볍게 걱정과 함께하는 삶

안타깝지만 걱정 없는 삶은 없습니다. 앞서 말했던 것처럼 걱정은 마치 '평생 회원권을 끊어놓은 진상 손님'처럼 내 마음에 평생 드나들 것입니다. 그렇기에 우리는 어떻게 하면 걱정을 없앨지가 아니라, 어떻게 하면 싫어도 걱정과 함께할 수 있을지를 고민해 보아야 합니다.

걱정과 함께한다는 것은 화가 나서 우리 가게를 찾아온 진상 손님을 달래는 과정과 비슷합니다. 진상 손님일지라도 우리 가게에 들어온 이상 환영해 주는 것이 기본입니다. 내쫓으려 하면 더 화를 냅니다. 잔뜩 화가 나서 늘어놓는 이야기를 열심히 들어주다 보면, 손님의 화가 좀 누그러집니다. 걱정도 마찬가지입니다. 걱정이 우리를 찾아왔을 때 이를 내쫓으려고 하면 걱정은 오히려 더 깊어질 것입니다.

그래서 형준 씨는 진상 손님처럼 찾아온 걱정의 이야기를 제대로 들어주기 위해 상담 시간과는 별도로 하루에 30분씩 '걱정 시간'을 만들어 보기로 했습니다. 매일 일정한 시간에 알람을 맞춰놓고 시작 알람이 울리면 걱정을 시작하고, 끝 알람이 울리면 걱정을 멈추는 것입니다. 이 시간은 오로지 걱정만 해야 하는 시간입니다. 설정해 놓은 시간 동안은 다른 생각이 떠오르더라도 잠시 멈추고 오로지 걱정만 해야 합니다. 걱정의 결론을 내릴 필요도 없고, 정답을 찾을 필요도 없습니다. 그저 걱정에 머물기만 하면 됩니다. 이 시간은 걱정을 쫓아내지 않고 우선 환영하는 시간입니다.

사실 걱정이 힘든 이유는 우리가 원치 않는 장소와 시점에, 원치 않는 긴 시간 동안 우리에게 머문다는 것입니다. 그런데 따로 걱정 시간을 만들면 내가 원하는 시간에, 원하는 장소에서, 원하는 만큼 걱정할 수 있습니다. 이러한 훈련을 통해 우리는 미래나 타인을 통제할 수는 없지만, 걱정 자체를 통제하는 힘을 키울 수 있습니다.

이 시간 동안 형준 씨는 본인의 걱정에 대해서 천천히 들여다보면서 스스로와 대화를 나누었습니다. 규칙적으로 충실하게 시간을 보내면서, 점차 걱정 시간에만 걱정할 수 있게 되었습니다. 일과 시간에 문득 걱정이 떠올라도, '이따가 걱정 시간에 몰아서 하자'라며 미룰 수도 있게 되었습니다. 걱정을 조금씩 통제하기 시작한 것입니다.

상담을 종결할 즈음에 형준 씨는 '걱정하는 나'에게 짧은 메시지를 써보기로 했습니다.

To. 걱정하는 나에게

걱정하는 너의 마음을 이해하고 인정해. 충분히 걱정할 수 있어. 하지만 네가 많이 걱정해도 일어날 일은 어차피 일어나고, 일어나지 않을 일은 어차피 안 일어나더라. 나는 이제 그걸 알아 버렸어. 남은 내 삶도 너와 평생 함께하겠지만, 그래도 앞으로는 좀 덜 친하게 지내게 될 것 같아.

결과는 자주 노력을
배신한다

영지 씨는 어머니의 손에 이끌려 마지못해 상담실에 들어왔습니다. 상담실에서 마주한 영지 씨의 얼굴은 무표정이었고, 어머니의 얼굴에는 걱정이 가득해 보였습니다. 어머니는 영지 씨가 몇 달째 집에서 한 발자국도 나가지 않고, 방에만 틀어박혀 있어서 걱정된다고 하였습니다.

"몇 달 전까지만 해도 안 그랬는데…."

어머니가 상담실에서 나가신 후 영지 씨와 좀 더 자세히 이야기를 나누어 보았습니다. 어머니의 말씀처럼 몇 달 전까지의 영지 씨는 지금과는 완전히 다른 모습이었습니다.

영지 씨는 몇 달 전까지 취업준비생이었습니다. 대학 4년 동안 학점관리도 잘해 놓았고, 어학이나 대외활동 같은 스펙도 충실히 쌓아놓았기에 주변에서도 영지 씨에게 "야~ 너는 취업 걱정 없겠다"라고 말할 정도였습니다. 주변의 기대처럼 영지 씨는 굴지의 대기업에 지원하여 서류 전형과 1차 면접을 통과하였고, 최종면접만 앞두고 있었습니다.

영지 씨는 정말 열심히 준비했습니다. 눈을 감고도 그 회사의 30년 역사를 읊어낼 수 있을 정도로 몇 날 며칠 밤을 새워가며 최종면접을 준비했습니다. 그러나 안타깝게도 최종면접에서 탈락했습니다. 영지 씨는 이 결과를 받아들이기 어려웠습니다. 이렇게까지 노력했는데 탈락했다는 것을 이해할 수 없었습니다.

'뭔가 노력이 부족했겠지.'

그래서 다음 회사의 면접은 더 열심히 준비했습니다. 주변에서는 '그렇게까지 준비할 필요가 있느냐'고 걱정했지만 영지 씨는 지난 실패를 반복하고 싶지 않았습니다. 그러나 안타깝게도 또 탈락의 고배를 마시고 맙니다. 그렇게 더 노력하고, 탈락하는 과정이 몇 번이나 반복되었습니다. 이쯤 되자 영지 씨의 머리에서는 이런 생각이 떠오르기 시작했습니다.

'아무리 노력해도 안 되는 걸 보면, 이건 해 봤자 안 되는 건가 보다.'

이런 생각이 깊어지며 점점 무기력에 빠져들었고 집으로, 방으로, 이불 속으로 틀어박히게 되었습니다. 영지 씨를 무기력하게 만든 것은 무엇보다 정말 열심히 노력했음에도 이런 결과가 반복되었다는 사실이었습니다.

결과는 노력을 배신하지 않는다

우리는 모두 좋은 결과를 얻고 싶어합니다. 공부를 하고 있다면 좋은 성적이 나오기를 바라고, 운동을 하고 있다면 몸짱이 되길 바랍니다. 저도 이 책이 베스트셀러가 되면 좋겠습니다.

그래서 우리는 각자가 원하는 좋은 결과를 위해 그 과정에서 노력을 합니다. 노력은 정말 넓은 범위의 행위를 포함합니다. 밤을 새우며 공부하는 것만 노력이 아니라, 새해 첫날 떠오르는 태양을 보며 '올해 꼭 수능 대박 나게 해주세요'라고 비는 것 역시 노력이며, 수능 날 아침에 배가 아플까 봐 죽을 먹고 가는 것도 노력입니다. 풍년을 기원하며 제사를 지내는 것도 좋은 결과를 위한 노력의 일환입니다.

누구나 적어도 한 번쯤은 이런 노력을 통해서 크든, 작든 좋은 결과를 얻어 본 경험이 있을 것입니다. 그래서 우리는 모두 노력의 힘을 믿습니다. '결과는 노력을 배신하지 않는다'는 믿음은 많은 사람들이 가지고 있는 신념, 조금 나아가서는 삶의 진리처럼 통용되는 말입니다. 그런 믿음을 바탕으로 최선의 노력을 다하는 것은 매우 바람직한 모습일 수 있습니다.

그러나 결과는 노력을 배신하기도 한다

그런데 가끔은 결과가 노력을 배신하기도 합니다. 코피가

터지게 공부해도 원하는 성적이 안 나올 때도 있습니다. 짝사랑하는 사람의 마음을 얻기 위해 물심양면으로 노력해도 상대방은 나를 밀어내기도 합니다. 저는 분명 최선을 다해서 이 책을 쓰고 있지만 이 책이 베스트셀러가 되지 않을 수 있습니다. 영지 씨는 최선을 다해 노력했지만 면접에서의 결과는 탈락이었습니다.

이처럼 결과는 야속하게도 노력을 몰라줄 때가 많습니다. 아이러니하게도 어떨 때는 별로 노력하지 않았는데도 예상 외의 좋은 결과가 행운처럼 나를 찾아오기도 합니다. 즉, '결과는 노력을 배신하지 않는다'라는 말은 진리가 아닙니다. 결과는 노력을 배신하기도 합니다. 그것도 꽤 자주.

결과에 영향을 미치는 원인은 다양합니다. '좋은 성적'이라는 결과에는 오늘 컨디션이 어떠한지, 오늘 어떤 문제들이 출제되었는지부터 교우관계나 부모님과의 관계가 얼마나 안정적인지, 성장 과정이 어떠했는지, 어떤 교육을 받아왔는지까지 정말 다양한 요소들이 원인으로 작용할 수 있습니다. 심지어 '지능'이나 '기질'과 같은 선천적인 요인들도 원인이 될 수 있습니다. 노력은 이런 다양한 원인들 중 하나에 불과합니다.

노력이 좋은 결과의 확률을 높여주는 것은 맞지만, 결과를 담보할 수 있는 것은 아닙니다. 로또를 100번 긁은 사람이 1번 긁은 사람보다 당첨 확률이 높아지는 것은 맞지만, 1,000

번 긁는다고 해서 무조건 당첨될 수 있는 것은 아닙니다. 너무 억울하지만, 노력을 전혀 안 했는데 순전히 '운이 좋아서' 좋은 결과가 나오기도 합니다.

그런데 종종 우리는 노력을 만병통치약처럼 생각합니다. 결과가 좋지 않을 때면 여러 가지 원인을 모두 무시하고 오로지 '노력 부족'만을 원인으로 지목합니다. 앞에서 말한 '결과는 노력을 배신하지 않는다' 뿐만 아니라 '하면 된다', '안 되면 되게 하라'와 같은 말을 되뇌며 노력에 집착합니다.

노력에 집착하는 삶

이 세상에 존재하는 모든 집착은 결과를 통제할 수 있다는 잠깐의 착각을 불러일으킵니다. 애인이 바람피울 것 같아 두려울 때, 애인의 핸드폰을 수시로 점검하면 잠시라도 그 두려움을 잊을 수 있습니다. 그 순간만큼은 집착을 통해 애인이 바람피우지 못하게 막을 수 있다고 생각하며 안심하게 됩니다. 그러나 찰나의 안심 뒤에 금세 불안이 찾아오고, 불안을 줄이기 위해 더 큰 집착을 하게 됩니다. 노력을 향한 집착도 마찬가지입니다. 집착하는 순간만큼은 실패에 대한 두려움을 줄일 수 있지만, 그러다 잠시라도 노력을 멈추면 다시 불안해집니다. 그렇게 노력이라는 쳇바퀴 속에서 맴돌게 됩니다.

최선을 다해 노력하는 것과 노력에 집착하는 것은 다릅니

나에게 괜찮냐고 물어본 적이 없었다

다. 최선을 다해 노력한다는 것은 내가 할 수 있는 일을 하는 것입니다. 반면, 노력에 집착하는 것은 내 몸과 마음을 갉아 먹어 가면서까지 맹목적으로 내가 할 수 있는 것 이상을 하려고 하는 것입니다.

노력에 집착하는 삶은 언제나 마음이 무겁습니다. 삶에서 어쩔 수 없게 겪게 되는 실패의 순간, 그 원인을 오로지 '노력 부족'이라고 생각하게 되기 때문입니다. 실패에 대한 슬픔, 상실감 등을 위로할 새도 없습니다. 유일한 해결책 역시 '더 많은 노력'이라고 생각하기 때문입니다.

그렇게 위로받지 못한 감정의 잔여물이 마음에 무겁게 쌓이고 쌓입니다. 원하는 결과를 만들어 낼 수 있는 유일한 해결책이라고 생각했던 '노력', 그것에 아무리 투자해도 원하는 결과가 나오지 않을 때 '노력하면 된다'라는 신념은 '뭘 해도 소용없다'라는 신념으로 바뀌어 우리를 주저앉게 합니다. 사연 속 영지 씨처럼 삶의 의욕과 동력마저 잃어버리는 것입니다.

인생사 새옹지마

우리가 명심해야 하는 것은 '우리는 결코 결과를 통제할 수 없다'는 사실입니다. 많이 노력한다면 좋은 결과를 맞이할 확률이 높아지겠지만, 그럼에도 불구하고 실패할 수도 있다는 사실을 언제나 염두에 두어야 합니다.

복싱 경기에서 KO가 나는 주먹은 강펀치가 아니라 예상치 못한 펀치라고 합니다. 우리는 결과를 통제할 수 없기에, 언제든 실패할 수도 있습니다. 실패를 '충분히 삶에서 있을 수 있는 일'로 여겨야 많이 아프더라도, 쓰러지지는 않을 수 있습니다. 쓰러지지 않아야 실패로 인한 슬픔과 아쉬움을 충분히 느끼고 스스로를 위로할 수 있습니다. 그래야 잔여물이 남지 않은 가벼운 마음으로 기꺼이 다음 실패를 감수하며 새로운 발걸음을 내디딜 수 있습니다. 노력에 집착하지 않을 때 오히려 더 노력할 수 있는 것입니다.

실패라는 결과의 원인을 전부 노력 부족으로 귀결하지 않았으면 좋겠습니다. 영지 씨가 실패했을 때마다 스스로에게 건넸던 말은 '그러게 네가 더 열심히 했어야지'였습니다. 그 말은 곧 노력에 대한 집착으로 이어졌고, 영지 씨는 주저앉아 버렸습니다. 그런 영지 씨가 다시 세상으로 나오기까지는 꽤 오랜 시간이 필요했습니다. 마지막 상담에서 영지 씨는 그때의 실패에 대해 이렇게 말했습니다.

"그때 왜 떨어졌는지 알 수는 없지만, 제 노력이 부족해서만은 아니었던 것 같아요. 상담하면서 생각해 보니까, 인정하고 싶지는 않은데 그때 저는 할 만큼 한 거 같더라고요. 뭔가 다른 이유도 있었겠죠. 그냥 뭐 재수가 없었던 걸 수도 있죠. 그래도 인생사 새옹지마라고… 혹시 알아요? 앞으로는 또 재수가 좋을지."

나를 잃어가며 지켜야 할
관계는 없다

수연 씨는 상담에서 어머니 이야기가 나오기만 하면 곧장 눈물이 흐릅니다. 수연 씨가 매번 흘리는 눈물에는 항상 '어머니에 대한 죄송한 마음'이 담겨 있었습니다.

"어머니에게 어떤 것이 그리 죄송하세요?"

"다 죄송하죠. 엄마가 저를 얼마나 힘들게 키우셨는데요. 엄마가 고생한 거 생각하면 제가 이러면 안 되는데…."

"어머니의 고생에 보답하지 못하는 것 같아서 속상하군요. '이러면 안 되는데'에 대해서 좀 더 말씀해 주실 수 있을까요?"

"용돈도 쥐꼬리만큼밖에 못 드리니까 죄송하고, 다른 집 자식들은 부모님이랑 여행도 자주 다니고 그러는데 전 그러지 못하니까요. 사실은 제가 지금 이렇게 힘들어서 상담 받고 있는 것도 엄마가 알면 실망하실까 봐 비밀로 하고 있어요. 그리고….”

수연 씨는 더 이상 말을 잇지 못하고 눈물만 뚝뚝 흘렸습니다. 어머니에 대한 죄책감이 짙게 배어 있는 수연 씨의 눈물을 보며 저 또한 슬픔과 동시에 여러 가지 복잡한 감정들이 느껴졌습니다. 가장 크게 느껴진 감정은 안타까움이었습니다. 부모님께 지금 하는 것 이상으로 잘하기 어려운 수연 씨의 빠듯한 사정을 알고 있었기 때문입니다.

어머니께 쥐꼬리만큼의 용돈을 드릴 수밖에 없는 것은 수연 씨의 월급이 정말 쥐꼬리만큼이기 때문입니다. 사회초년생인 수연 씨는 교통비를 아끼기 위해 걸어 다니고, 식비도 아끼려고 도시락을 싸서 출근합니다. 수연 씨가 핸드폰으로 항상 보는 영상은 ‘○○만원으로 일주일 버티기’와 같은 제목의 콘텐츠입니다. 어머님께 드리는 쥐꼬리만한 용돈은 그런 피땀 어린 절약을 통해 겨우 마련되는 돈입니다. 여행은 꿈도 못 꾸는 게 당연합니다. 그 와중에 어머니가 심심하실까 봐 매주 주말마다 몇 시간씩 기차를 타고 고향에 내려가는 수연 씨였습니다.

수연 씨는 그렇게 1년 이상의 시간을 버티다가 결국 번아웃이 찾아왔고, 회사의 지원으로 상담을 받고 있습니다. 그렇게 힘들고 아픈데도 어머니께 죄스러운 마음을 느끼는 수연 씨가 정말로 안타까웠습니다.

나에게 괜찮냐고 물어본 적이 없었다

부모님께 좋은 자식이고 싶은 이유

우리는 모두 부모님의 몸에서 태어났습니다. 세상에 존재하기 전에 엄마의 뱃속에서 존재했습니다. 거기서 끝나는 것이 아니라, 그렇게 엄마의 뱃속에서 세상으로 나온 우리는 또다시 부모님과 이 세상에서 '첫 관계'를 맺게 됩니다.

무엇이든 처음은 소중하고 특별한 법입니다. 꼭 처음 맺는 관계여서만이 아니라, 부모님은 내가 이 세상에 존재할 수 있게, 나아가 생존할 수 있게 해준 생명의 은인과 같은 사람입니다. 그래서 우리 마음에는 부모님께 감사한 마음이 각인되어 있을 수밖에 없습니다. 따라서 부모-자녀 사이에는 말로는 다 설명할 수 없는 깊은 정서적 유대감이 생기게 됩니다. 이를 심리학에서는 '애착^{attachment}'이라고 표현하기도 합니다.

어떤 이의 마음에는 부모님을 향한 미움과 원망이 가득 차 있기도 합니다. 그러나 상담에서 그들의 마음을 천천히 살펴보면, 그들마저도 마음 한 켠에는 아주 작게라도 부모님에 대한 사랑의 마음이 있습니다(물론, 그 마음을 인식하고 있지 못할 수도 있습니다). 이처럼 부모님에 대한 미운 마음은 기본적으로 양가감정입니다. 부모에 대해 온전한 분노만 느낄 수는 없습니다. 그 이유도 위에서 말한 부모-자녀 관계만의 특별한 속성, 즉 애착 때문입니다.

이토록 특별한 애착 대상인 부모님에게 좋은 자식이 되고

자 하는 마음은 매우 당연합니다. 우리나라가 '효'를 강조하는 유교권 국가이고, 집단주의적인 성향이 강한 사회여서 더욱 그런 마음이 짙을 수는 있지만, 사실 서구권 국가도 크게 다르지는 않습니다. 영미권 드라마 몇 편만 봐도 그들이 부모에게 얼마나 애틋한 마음을 가지고 있는지 알 수 있습니다. 부모에게 좋은 자식이 되고자 하는 마음, 무언가 보답하고 싶은 마음은 국가와 문화를 막론한 인류 보편적인 모습입니다.

부모님의 만족을 위해 사는 삶

이렇듯 우리가 부모에게 좋은 자식이 되고자 하는 마음은 매우 자연스럽지만, 이것이 때로는 마음을 무겁게 만들기도 합니다. 좋은 자식이 되고 싶은 마음이 너무 커져서 '좋은 자식이 되어야만 한다', '부모님께 평생 빚을 갚으며 살아야 한다'와 같은 마음의 규칙이 되어 버렸을 때입니다.

이런 마음의 규칙이 우리 마음에 깊게 배면, 삶의 목적 자체가 '부모님이 행복해지는 것'이 되어 버리기도 합니다. 그렇게 되었을 때 가장 큰 문제는 내 삶에서 나를 우선순위에 두지 못한다는 점입니다. 내가 원하는 것을 자유롭게 선택하지 못하고, 부모님이 원하는 것, 혹은 부모님이 원할 것으로 예상되는 것을 우선적으로 고려하여 선택하게 됩니다.

이런 모습은 삶의 여러 장면에서 나타날 수 있습니다. 대학에 진학할 때, 내가 배우고 싶은 학문이 아닌 부모님이 자랑스러워할 만한 학과를 선택합니다. 취업을 할 때도 내 흥미나 적성보다 부모님의 기대를 먼저 고려합니다. 수연 씨가 공무원을 선택한 것도 그런 이유였습니다. 또, 어렵게 들어간 회사에서 너무 괴롭고 힘들어서 퇴사나 이직을 하고 싶어도, 부모님이 나에게 실망하는 게 더 무서워서 내 몸과 마음이 병들어 가는 것을 방치하기도 합니다. 급기야 결혼을 할 때에도 내가 좋아하고 사랑하는 사람보다 부모님이 만족할 만한 사람이 배우자 선택의 우선순위가 되기도 합니다.

그런 선택을 하고 부모님이 만족스러워하는 모습을 보는 것이 그들에게는 삶의 행복입니다. 그러나 안타깝게도 그 행복감은 속 빈 강정 같은 가짜 행복일 뿐입니다. 타인의 욕구를 채워주는 행동을 통해 얻는 행복은 그 유효기간이 매우 짧습니다. 사랑하는 사람에게 애정을 표현하기 위해 흔히 쓰는 표현으로 "네가 먹는 것만 봐도 나는 배가 불러"라는 말이 있습니다. 사실 정말로 배가 부를 리가 없습니다. 순간의 만족감에서 오는 착각일 뿐, 금세 다시 배가 고파지는 것이 당연합니다. 이와 마찬가지로 부모님의 만족을 통해 얻는 짧은 행복감 뒤에는 금세 공허함과 허무함이 찾아오기 마련입니다.

게다가 부모님께 좋은 자식이 되고, 효자가 되는 데에는 '이 정도면 충분하다'라는 기준이 없습니다. 사랑하는 사람에게는 늘 더 잘해주지 못해 아쉽기 마련입니다. 10만큼 잘하면 20만큼 잘하지 못해서, 20만큼 하면 30만큼 잘하지 못해서 속상할 것입니다.

스스로를 불효자라고 생각하고 있나요?

많은 분들이 수연 씨처럼 스스로를 '불효자'라고 생각하고 있는 것 같습니다. 그래서인지 부모님 생각만 하면 스스로가 죄인이 된 것 같은 무겁고 괴로운 마음을 경험합니다.

이런 무거운 마음을 가볍게 하기 위해서는 '좋은 자식이 되어야 한다'라는 마음의 규칙을 '좋은 자식이 되면 좋겠다'라는 바람으로 바꿀 필요가 있습니다. 규칙은 '지켜야 하는 것'이지만, 바람은 '하면 좋은 것'입니다. 부모님이 자랑스러워할 만한 학교나 직장을 갖게 되면 참 좋겠지만, 그렇게 되지 않는다고 해서 잘못된 것은 아닙니다. 부모님을 자주 찾아 뵙고 용돈도 많이 드리면 좋습니다. 그러나 그렇게 하지 못할 수도 있습니다. 너무 아쉽겠지만, 그렇다고 해서 틀린 것, 잘못된 것은 아닙니다. 부모님께 좋은 자식이 되는 것은 규칙이 아니라 바람이기 때문입니다.

비단 부모-자녀 관계만이 아니더라도, 사랑하고 애착을 맺고 있는 관계에서는 상대방에게 더 잘해주고 싶고, 상대방도 나에게 잘해주기를 바라는 마음이 드는 것이 너무나도 당연합니다. 그러나 우리는 자신의 행복을 위해 상대가 희생하기를 바라지는 않습니다. 부모님과의 관계에서도 마찬가지입니다. 나는 부모님의 희생을 통해 내가 행복해지는 것을 원치 않습니다. 그런 마음은 부모도 마찬가지일 것입니다. 부모도 우리의 희생을 통해 당신이 행복해지는 것을 원치 않습니다.

스스로를 불효자라고 생각하는 분들이 있다면, 부모님께 미안함보다는 감사함을 가졌으면 좋겠습니다. 좋은 부모는 당신에 대한 미안한 마음 때문에 자책하고 있는 자식을 원하지 않을 것입니다. 부모님께 미안한 마음을 가지고 속죄하는 삶을 살기보다는, 감사한 마음을 듬뿍 표현하는 삶을 살았으면 좋겠습니다. 그리고 부모님을 만족시키기 위한 행복이 아닌, 정말 나 스스로를 위한 행복을 추구하며 살아가면 좋겠습니다.

2장

마음이 지칠 땐
인생에 백기를 든다

사소한 행동이
내 인생을 구한다

한별 씨는 본인이 남자친구에게 지나치게 의존하고 집착하는 것 같아 힘들다며 상담실을 찾았습니다. 첫 상담에서 이런저런 얘기를 나누던 중 한별 씨가 갑자기 하던 말을 멈추고는, 눈물을 뚝뚝 떨어뜨렸습니다. 한동안 말없이 울던 한별 씨는 입을 열었습니다.

"지난번에도…. 제가 남자친구한테 자꾸 집착하다가 또 싸움이 났거든요. 근데 그날은 남자친구가 한숨을 쉬면서 저한테 이런 말을 하더라고요. '한별아, 네가 너 스스로를 사랑하지 않으면, 다른 사람에게 사랑을 줄 수도 받을 수도 없어'라고요."

"그 말을 들을 때 마음이 어땠어요?"

"망치로 머리를 한 대 맞은 느낌이었고…. 그리고 창피했어요. 너무 맞는 말 같았거든요. 그래서 한참 아무 말도 못 하고 울기만 했어요. 그 말을 듣고 나니까, 정말 제가 저를 사랑하지 않는 것 같더라고요. 그러니까 그 사람에게 사랑을 주지도 받지도 못했구나….”

“나를 사랑하지 않는 내 모습을 들킨 것 같아서 창피했나 보네요.”

“맞아요. 근데 진짜 문제는 그 말을 들었다고는 해도, 제가 저를 사랑하는 방법을 모른다는 거예요. 이 상담에서 스스로를 사랑하는 방법을 배우고 싶어요. 그래서 남자친구에게 집착하지도, 의존하지도 않고 싶어요.”

나를 사랑한다는 것의 의미

여러분은 스스로를 사랑하시나요? ‘나를 사랑한다.’ 문장 자체는 참 간명하지만 쉽게 이해하기는 어렵습니다. ‘나는 아내를 사랑한다’, ‘나는 우리 집 고양이를 사랑한다’처럼 사랑의 대상이 분명하면 이해가 쉬운데, 내가 나를 사랑한다는 것은 참 낯설기 마련입니다.

내가 나를 사랑하기 위해서는, 먼저 사랑한다는 것이 그래서 ‘무엇을 한다는 것인지’부터 정리할 필요가 있습니다. 사랑이라는 단어의 사전적 의미를 살펴보면 ‘어떤 대상을 몹시 아끼고 귀중히 여기는 마음, 또는 그런 일’을 뜻합니다. 무언가를 귀하게 여기고 아껴주는 행위가 ‘사랑을 하는 것’입니

나에게 괜찮냐고 물어본 적이 없었다

다. 즉, 나를 사랑한다는 것은 내가 나를 귀하게 여기고 아껴주는 것인 셈입니다. 제가 여러분들에게 처음에 '스스로를 사랑하시나요?'라고 물었던 질문은 '여러분은 스스로를 귀하게 여기고 아껴주나요?'로 바꾸어 볼 수 있겠습니다. 그렇다면 귀하게 여기고 아껴준다는 건 뭘까요?

신줏단지 모시듯

유치원을 다니던 어린 시절, 제가 한동안 아주 좋아했던 공룡 장난감이 하나 있었습니다. 지금 생각해 보면 그게 왜 그리 좋았는지도 모르겠습니다. 집에 오면 항상 그 공룡 장난감을 끼고 다녔고, 기억이 분명치 않지만 구석구석 닦아주기까지 했던 것 같습니다. 친구가 놀러와도 공룡 장난감만큼은 절대 내어주지 않았습니다. 그런 제 모습을 보고 할머니는 웃으시며 "아이고 무슨 그 장난감을 신줏단지 모시듯이 하네~"라고 하셨습니다.

신줏단지는 우리나라 토속신앙에서 등장하는데, 조상의 신령을 모셔놓는 단지를 의미합니다. 집에서 가장 안전한 안방의 시렁 위에 올려놓았다고 합니다. 그래서 뭔가를 굉장히 귀하게 여겨 조심스럽고, 정성스럽게 다루는 모습을 볼 때 '신줏단지 모시듯 한다'라고 합니다.

저의 공룡 장난감처럼, 우리가 뭔가를 귀하게 여기고 아껴줄 때는 정말 '신줏단지 모시듯' 합니다. 때론 굉장히 귀찮고 번거롭고 힘든 일도 마다하지 않습니다. 아침마다 물 마시는 것 거르더라도, 정말 아끼는 식물에는 꼬박꼬박 알람까지 맞춰가며 물을 줍니다. 정말 아끼는 가방이 있으면 들고 다니지도 못하고, 진열장에 곱게 넣어놓고 매일매일 사랑스러운 눈으로 바라봅니다.

귀하게 여기고 아껴주고 싶은 사람, 즉 사랑하는 사람이 있다면 그 사람은 내 삶의 신줏단지가 됩니다. 집 앞 편의점에 나가는 것도 귀찮아서 끼니를 거르는 내가 1시간이 넘는 애인의 집 앞까지 기꺼이 찾아가기도 합니다. 혼자 밥 먹을 때는 대충 라면 하나 끓여서 냄비째 놓고 먹는 내가, 애인이 먹을 점심을 쌀 때는 예쁜 도시락 용기를 고르고, 리본까지 묶기도 합니다.

이처럼 뭔가를 귀하게 여기고 아낀다는 것은 단순히 마음만 그렇게 먹는 것이 아닙니다. 귀찮고 번거롭고 때로는 힘든 행동들을 기꺼이 감수하는 것입니다. 그러니 나를 사랑한다는 것은 나를 신줏단지 여기듯 모셔주는 것, 즉 귀한 나를 아끼기 위해서 나에게 번거롭고 귀찮고 힘든 행동들을 기꺼이 해주는 것이라고 바꿔 말할 수 있습니다.

나를 사랑하는 것이 낯설고 어려운 이유

스스로를 신줏단지처럼 여기는 것, 즉 스스로를 사랑하는 것이 자연스러운 사람들도 있습니다. 그들은 지금까지의 삶에서, 특히 어린 시절에 주변 사람들로부터 귀하고 소중하게 다루어진 경험이 많은 사람들일 것입니다.

어린 아기는 '나'에 대한 감각이 없습니다. 아기는 자라면서 환경과의 상호작용을 통해 '나'라는 감각을 점점 키워나가다가 청소년기, 성인 초기에 '자아정체감'을 형성하게 됩니다. 따라서 이 시기에 타인이 나를 어떻게 대했는지는 '나는 어떤 사람인가'에 대한 중요한 단서가 됩니다. 즉, 타인으로부터 귀하게 여겨진 경험이 많다면 '나는 귀하게 여겨질 만한 사람이구나'라는 자아정체감이 생길 것이고, 타인으로부터 비난받은 경험이 많다면 '나는 비난받을 만한 사람이구나'라는 자아정체감이 생기는 것입니다.

그렇게 형성된 자아정체감은 내가 나를 대하는 기본 태도가 됩니다. 누군가는 스스로를 귀하게 여기는 것이 기본 태도가 되는가 하면, 누군가는 스스로를 비난하는 것이 기본 태도가 됩니다. 이를 상담심리학에서는 나에 대한 '도식^{schemes}'이라고 합니다. 스스로를 하찮게 취급하는 것이 도식화된 사람들은 나를 사랑하는 일이 더욱 부자연스럽고 어색하게 느껴집니다. 다른 사람에게 좋은 것을 해주고 소중하게 대해주는 것은 어렵지 않게 느끼면서도, 스스로를 대접하는 일은 어렵게 느낍니다.

사연 속 한별 씨도 부정적인 자아정체감을 형성시킨 어린 시절의 경험들이 많았고, 그렇기에 스스로를 사랑하는 일이 더욱 어색하고 어려웠던 것입니다. 사실 남자친구에게 보였던 집착과 의존도 어린 시절에 받지 못했던 사랑에 대한 갈구였을지도 모릅니다. 그래서인지 한별 씨는 남자친구를 위해서는 비싼 선물을 사주어도, 자신이 입을 옷을 사려고 하면 늘 '굳이?'라는 생각에 가로막혀 버리곤 했습니다.

바디로션 바르기

한별 씨에게 '굳이?'라는 물음에 가로막혀 하지 않는 것들이 또 있는지 물었습니다. 한별 씨는 잠시 고민하다가 말했습니다.

"엄청 많죠. 어제 저녁에도 떡볶이를 시켜 먹고 싶었는데 '굳이?'라는 생각이 들어서 대충 시리얼로 때웠고요. 써보고 싶었던 명품 화장품이 있었는데 '굳이?' 싶어서 그냥 원래 쓰던 저렴한 것을 샀고요…. 아! 아까 상담 받으러 올 때도 스타벅스에서 커피 마시고 싶었는데 굳이 싶어서 그냥 여기 센터 대기실에서 인스턴트커피를 타 마셨죠. 음 또…. 아, 씻고 나서 '굳이?'라는 생각에 바디로션도 잘 안 발라요."

이후로도 한별 씨는 '굳이?'라는 반문이 가로막은 수많은 행동들을 말해주었습니다. 그것들은 하나같이 한별 씨가 원하거나 스스로에게 이로운 것들이었습니다. 이날 상담이 끝날 때 한별 씨와 한 가지 약속을 했습니다. 그 약속은 '다음 주 상담 올 때까지 씻고 나면 항상 바디로션을 바르기'였습니다. 한별 씨의 피부를 걱정해서 한 약속이 아니었습니다. 바디로션을 바른다는 것은 귀찮지만 스스로를 귀하게 여겨주는 행동이기 때문입니다. 바디로션을 안 바른다고 해서, 혹은 좀 더 바른다고 해서 내 삶에 큰 변화가 생기는 것은 아닙니다. 그러나 그것은 분명히 나를 이롭게 하는, 나를 아껴주는 행동입니다.

다시 한번 말하지만, 나를 사랑한다는 것은 그냥 마음만 먹는 것이 아닙니다. 귀한 나를 아끼기 위해서 번거롭고 귀찮고 힘든 행동들을 해주는 것이 나를 사랑하는 것입니다. 그리고 그런 행동은 '바디로션 바르기'처럼 아주 작은 실천들부터 시작됩니다. 어린 시절 귀하게 대해지는 경험을 충분히 하지 못했다면, 더더욱 아주 작은 것에서부터 시작해야 합니다.

'굳이?'라는 생각에 가로막혀 나에게 해주지 않던 행동을 '굳이 해주는 것'에서부터 나에 대한 사랑은 시작됩니다. 나에게 값비싼 선물을 주는 것과 같은 거대한 실천보다 일상 속 매우 작은 실천의 빈도를 높여야 나를 사랑하는 일에 더욱 빠르게 가까워질 수 있다는 것을 꼭 기억하셨으면 좋겠습니다.

아침에 일어나면 내 몸을 위해 기지개를 한 번 켜줬으면 좋겠습니다. 라면을 끓이면 내 기분을 위해 냄비째 먹지 말고 예쁜 그릇에 옮겨서 먹었으면 좋겠습니다. 내가 먹는 음식을 살 때는 귀한 나를 위해 떨이 상품 말고 가끔 유기농 야채도 사주었으면, 내가 쓸 물건을 살 때는 종종 최저가가 아닌 물건도 사주었으면 좋겠습니다. 가끔은 귀한 내 피부를 위해 마스크팩도 해주고, 이따금 산책도 가서 좋은 공기도 마시게 해주시면 좋겠습니다.

이러한 작은 실천들이 반복되었을 때, 우리는 스스로에 대해 '귀하게 대해질 만한 사람'이라는 인식을 갖게 될 것입니다. 그래야 내가 나를 사랑할 수 있고, 누군가로부터 사랑받을 수 있고, 사랑할 수 있게 됩니다.

가끔은
'못하는 척'이 필요하다

윤미 씨는 디저트 카페 사장님입니다. 8년 전 테이블도 없는 작은 테이크아웃 카페의 알바생이었던 윤미 씨는 이제 직원 수가 10명 가까이 되는 꽤 규모 있는 디저트 카페의 사장님이 되었습니다. 8년이라는 시간 동안 윤미 씨가 흘린 땀은 이루 말할 수 없을 정도로 굵었습니다.

이제는 직원도 많아졌고, 매출도 안정적이니 조금은 마음이 놓일 법도 하지만, 윤미 씨의 마음은 어쩐지 점점 더 불안해졌습니다. 결국 몇 달 전, 극심한 호흡곤란이 동반된 공황발작 증상을 경험하고 공황장애 진단을 받게 됩니다. 병원에서는 약물치료와 동시에 생활 태도와 마음가짐에 대한 근본적인 변화가 필요하다며 심리상담을 권했습니다.

상담실에서 만나게 된 윤미 씨에게 어느 날 물었습니다.

"지난 한 주간 가장 자주 한 말이 뭔가요?"

"음… '내가 할게'였던 거 같아요."

실제로 윤미 씨의 삶은 '솔선수범' 그 자체였습니다. 직원들이 있지만 매일 가장 일찍 출근해서 가장 늦게 퇴근하는 것은 윤미 씨였습니다. 윤미 씨가 카페의 모든 일을 다 하기 때문에 그럴 수밖에 없습니다. 커피 내리기, 디저트 만들기, 손님 응대 및 계산, 정산, 청소, 카페 홍보, 행정 처리, 심지어 오픈과 마감 청소까지. 윤미 씨는 항상 "내가 할게"라는 말과 함께 이 카페에서 일어나는 거의 모든 일을 책임졌습니다.

카페의 규모가 작을 때는 그래도 할 만했지만, 이제는 커진 규모만큼이나 신경 쓸 부분이 많아졌고, 그러다 보면 자연스럽게 놓치는 부분도 생기곤 했습니다. 그럴 때면 윤미 씨는 '아, 이걸 내가 다 할 수는 없는데'라고 생각하면서도 막상 다른 직원들에게 업무를 맡기지는 못했습니다. 왠지 내가 직접 해야만 할 것 같았기 때문입니다. 그렇게 윤미 씨는 자꾸만 모든 것을 책임지게 됩니다. 책임질 것이 많아지는 만큼, 불안이 커지는 것도, 과도한 불안이 공황으로 이어진 것도 어쩌면 당연한 수순이었습니다.

항상 숟가락을 놓는 사람들

책임지는 것이 자연스러운 사람들이 있습니다. 어떤 일이든 어지간하면 내가 해야 마음이 편하고, 반대로 다른 사람

나에게 괜찮냐고 물어본 적이 없었다

이 하면 묘하게 마음이 불편합니다. 제가 바로 그런 사람입니다. 여러 사람들과 함께 식당에 가면, 자리에 앉자마자 뭔가에 쫓기는 사람처럼 급히 다른 사람들의 컵에 물을 따르고, 숟가락과 젓가락을 세팅합니다. 어쩌다가 다른 사람이 그일을 하게 되면 묘하게 마음이 불편하고 어색해서, 괜히 다른 할 일은 없는지 찾아봅니다.

집에서도 마찬가지입니다. 아내가 집안일을 하고 있으면 왠지 모르게 불편합니다. 그래서 아내가 집안일을 하기 전에 제가 미리 다 해버리곤 합니다. 그러면 아내는 "아니 같이하면 되지, 왜 그걸 자꾸 혼자 해"라며 타박합니다. "손에 물 안 묻히게 하려고 그러지"라며 농담하는 식으로 말하지만, 사실 제가 굳이 나서서 하는 집안일은 아내를 위한 마음보다도 저의 불안 때문에 하는 것입니다.

상담실에서는 저 같은 분들의 이야기를 참 자주 듣게 됩니다. 윤미 씨처럼 가게의 모든 일을 다 책임지려다가 공황을 겪는 사장님이 있는가 하면, 직원들에게 일을 분담시키지 못하고 모든 업무를 짊어지다가 번아웃으로 휴직을 한 부장님도 있습니다. 어떤 대학생은 조별 과제를 할 때마다 자료조사부터 발표까지 혼자 다 떠맡다가 몸의 병을 얻기도 했습니다. '누군가는 해야 할 일', '누가 시키지도 않은 일'을 도맡아 하는 모습에 주변 사람들로부터 좋은 평가를 받기도 하지만, 사실은 그렇게 하고 싶어서 하는 게 아니라 왠지 내가 해야 할 것만 같아서 하는 것일 뿐입니다.

어떤 분은 가족 내에서 일어나는 모든 일을 개인의 일처럼 책임지기도 합니다. 가족 여행을 갈 때면 자연스럽게 본인이 모든 일정을 짜고, 가이드 역할을 자처합니다. 명절마다 지내는 제사 준비도 항상 떠맡고, 다른 형제들은 숟가락만 얹습니다. 요즘 사업이 힘들다는 큰 오빠에게 (그가 부탁하지도 않았는데) 나서서 돈을 빌려주기도 합니다.

과도한 책임감의 최대수혜자는 본인이 아닌 주변 사람입니다. 과도한 책임감을 가진 사람의 옆에 있으면, 무슨 일이 생겼을 때 조금만 기다리면 그 사람이 결국 다 해주기 때문입니다. 이럴 때 느껴지는 고마운 마음을 잘 표현해 주기만 하면 그 사람은 점점 더 열심히 책임져 주기도 합니다.

그런데 아무리 아름다운 풍경도 매일 보면 감흥이 사라지는 것처럼, 그런 고마운 마음도 점점 옅어지고, 그들의 헌신도 당연하게 여겨지기 마련입니다. 그런 주변 사람들을 보면서 서운하고 화가 나지만, 그럼에도 불구하고 또 자연스럽게 책임지기를 반복합니다. 매일 점심시간마다 '왜 나만 하지? 왜 아무도 안 하지?'라고 생각하면서도 어느샌가 숟가락을 세팅하고 있는 저처럼 말입니다. 결국 과도한 책임감의 끝에는 주변 사람에 대한 서운함과 분노가 쌓여갑니다. 그리고 마음은 점점 지쳐갑니다.

자꾸만 책임지는 이유

이렇게 과도한 책임감이 몸에 밴 사람들의 과거에는 '건강한 의존 경험의 부재(혹은 부족)'라는 히스토리가 있는 경우가 많습니다.

인간은 혼자 살 수 없습니다. 그리고 어린 시절의 우리는 더더욱 누군가에게 의존해야만 했습니다. 스스로 음식을 먹을 수도 없고, 엄마가 불러주는 자장가가 없으면 온전히 잠도 잘 수가 없습니다. 따라서 인간은 주 양육자(주로 부모)로부터 적절한 물리적, 정서적 돌봄을 제공받아야 하고, 그런 양육자에게 좋든 싫든 의존해야 합니다. 그런 의존 경험을 충분히 했을 때, 성인이 되어서도 필요할 때 타인에게 적절히 기댈 수 있습니다.

그런데 안타깝게도 어린 시절 부모에게 의존할 수 없었던 사람도 있습니다. 보살핌보다는 학대와 폭력, 비난이 많은 부모는 의존보다는 공포의 대상이 됩니다. 자립심을 키운다는 명목으로 의존을 아예 허락하지 않는 부모도 있습니다. 아이에게 적절한 독립성과 주도성을 키워줄 필요는 있으나, 이것이 지나쳐 아이가 부모에게 의존할 수 없거나, 방치되어 스스로 알아서 커야 하는 경험을 하게 되는 것입니다. 뭐든지 알아서 척척 해내는 아이의 모습을 보며 '어른스럽다'라며 칭찬해 주기도 합니다. 그러면 그 아이의 행동은 더욱 강화됩니다. 그것이 반복되다 보면 결국 '타인에게 기대지 못하고 스스로 다 알아서 하는 것'이 삶의 태도가 되어 버립니다.

삶의 태도는 내 몸과 마음에 짙게 물들어 강력한 습관이 됩니다. 해롭다는 것을 알아도 습관처럼 담배를 입에 물듯, 모든 걸 책임지는 내 모습이 힘들고 괴로워도 어느샌가 입은 또 말하고 있습니다.

"내가 할게."

흐린 눈을 뜨는 용기

그날도 윤미 씨는 직원들에게 먼저 퇴근하라고 지시한 후 끝까지 남아 카페의 뒷정리를 하고 있었습니다. 퇴근 준비를 마치고 나가던 매니저가 윤미 씨에게 조용히 다가와 작은 쪽지를 건네고는 도망치듯 카페를 나갔습니다.

접혀 있는 쪽지의 겉에는 '사장님, 제가 드릴 수만 있다면 사장님께 꼭 드리고 싶은 선물이에요'라고 적혀 있었습니다. 의아한 표정으로 쪽지를 열어 본 윤미 씨는 피식 웃음이 났습니다. 쪽지에는 크게 3글자가 적혀 있었다고 합니다.

'흐린 눈'

'흐린 눈'은 말 그대로 '마치 시야가 흐려진 것처럼, 뭔가를 보고도 못 본 것처럼 여기는 모습'을 뜻하는 인터넷 용어라고 합니다. 카페에서 일어나는 모든 일을 살피고 과도하게 책임지느라 점점 지쳐가는 사장님을 몇 년간 지켜본 매니저의 안타까운 마음이 담긴 쪽지였습니다.

저는 과도한 책임감으로 마음이 지친 분들이 가끔은 이 흐린 눈으로 생활했으면 좋겠습니다. 분명히 내 눈에 보이고, 내가 할 수 있고, 책임질 수 있다는 것을 알지만, 그럼에도 불구하고 애써 못 본 척하고 안 하는 것 말입니다. 물론 항상 흐린 눈으로 사는 것은 좋지 않습니다. 그건 말 그대로 무책임한 삶의 태도이기 때문입니다. 중요한 것은 '가끔' 흐린 눈을 떠보는 용기입니다.

윤미 씨는 그렇게 흐린 눈 뜨기 연습을 시작했습니다. 처음 1주 동안은 카페에서 설거짓거리가 쌓여 있는 것을 못 본 척해보기로 저와 약속했습니다. 첫날에는 사장님이 항상 하던 일을 하지 않으니 직원들도 당황하는 눈치였습니다. 설거지가 밀려서 서빙이 늦어지기도 했습니다. 윤미 씨는 쌓여가는 설거짓거리를 보며 마음이 복잡했습니다.

'역시 내가 안 하면 안 돌아가나?'

'그냥 내가 얼른 해 버릴까?'

이런 생각이 차올랐지만 상담 선생님과의 약속을 생각해서 꾹 참았습니다. 그렇게 견디며 며칠이 지나자 윤미 씨는 자연스럽게 깨달을 수 있었습니다.

'내가 없어도 돌아가는구나.'

첫날에는 눈치를 보며 우왕좌왕하던 직원들이 어느샌가 순번을 정해서 설거지를 하고 있었습니다. 그렇게 윤미 씨는 하나씩 하나씩 책임을 내려놓기 시작했습니다. 자신이 하던 일을 다른 직원들이 하나둘 해나가는 것을 볼 때마다 마음이 불편했습니다. 그러나 그 일을 다시 책임지는 것은 참았습니다. 대신 그때마다 직원들에게 '고맙다'라고 말하기로 했습니다. 그렇게 윤미 씨는 어릴 때 경험하기 어려웠던 '건강한 의존 경험'을 천천히 쌓아나갔습니다. 그리고 마음속에 가득 차 있던 책임감을 조금씩 덜어내자, 그 빈자리에 주변을 향한 감사의 마음, 세상에 대한 믿음이 자라나게 되었습니다.

만약 여러분이 타인에게 충분히 의존할 수 없었던 어린 시절을 보냈다면, 앞으로 더더욱 열심히 의존해 봐야 합니다. 누구에게도 의존하지 않고 모든 것을 책임지며 사는 것은 불가능하기 때문입니다. 오히려 모든 것을 책임지려다가 정말 중요한 것을 책임지지 못할 수도 있습니다. 그러니 정말 중요한 것들은 눈을 크게 뜨고 보되, 덜 중요한 것들을 바라볼 때는 조금씩은 흐리게 눈을 떠보는 용기를 내어 보길 바랍니다.

지금의 괴로움은
반드시 지나간다

지원 씨의 어머니는 3달 전 안타깝게 세상을 떠나셨습니다. 지원 씨는 그 후 지금까지 몇 달째 깊은 슬픔에 잠겨 있습니다. 꾸역꾸역 회사는 나가고 있지만, 문득 멍해지고 집중도 잘 되지 않아서 실수가 잦아졌습니다. 퇴근 후에는 아무런 의욕도 생기지 않아서 소파에 누워서 TV만 보게 됩니다. TV를 보긴 하지만 내용은 조금도 귀에 들어오지 않습니다. 허전해서 틀어놓을 뿐입니다. 밥맛도 없고 귀찮아서 잘 먹지도 않고, 뜬눈으로 밤을 새는 날도 많았습니다. 그런 지원 씨의 유일한 일정은 일주일에 한 번 상담실을 가는 것이었습니다.

상담실에서 만나는 지원 씨의 표정과 마음은 언제나 슬픔으로 가득 차 있었습니다. 어느 날은 말없이 한참을 앉아 있던 지원 씨가 이런 말을 꺼냈습니다.

"선생님, 제가 나아질 수 있을까요?"

지원 씨의 목소리에는 일말의 희망도 담겨 있지 않았습니다. 그래서 되물었습니다.

"나아질 수 없다고 생각하시는 것 같네요."

"…네. 선생님이 잘 알고 계신 것처럼 저는 매일매일 우울하고, 죽고 싶고, 그냥 간신히 숨만 쉬면서 살고 있어요. 문제는 앞으로도 계속 이럴 거 같다는 거예요. 빛이 하나도 없는 동굴 속에 있는 거 같은 느낌이에요."

영원할 것 같은 괴로움

살다 보면 반드시 우울하고 괴로운 시간이 찾아옵니다. 해님, 달님을 보면서 '무탈하게만 살게 해주세요'라고 말했던 기도를 비웃기라도 하듯 시련은 잊지 않고 우리를 찾아옵니다. 야속하게도 시련은 사람을 가리거나 사정을 봐주지 않습니다. 정말 떳떳하게 열심히 살아온 사람에게도 찾아오고, 지난 상처로 괴로워하고 있는 사람에게도 찾아옵니다. 내가 대체 뭘 잘못했다고, 대체 왜 나에게, 왜 하필 지금 이런 일이 생기는지…. 하늘을 원망하기도 하고, 누군가를 원망하기도 하고, 때로는 나를 원망하기도 합니다.

반복된 시련, 혹은 너무 강한 시련은 우리의 마음을 무척이나 지치게 합니다. 나름 잘살아 보기 위해 노력한 그동안의 노고를 모두 무의미한 것처럼 느끼게 하고 정말이지 살맛 안 나게 만들어 버립니다.

이렇게 마음이 지쳐 버리면 이성이 마비되고 감정에 충실해집니다. 실제로 과도한 스트레스 상황에서는 합리적이고 이성적인 인지 능력을 담당하는 대뇌피질 영역의 기능이 떨어집니다. 스트레스 상황에서 집중력과 기억력이 떨어지는 것도 모두 이러한 인지기능의 저하 때문입니다. 그래서 마음이 지쳤을 때는 매우 비합리적으로 생각하고 감정적으로 판단하게 됩니다.

이때 하게 되는 여러 가지 비합리적인 생각 중 가장 위험한 것은 '이 괴로움이 영원할 것이다'라는 생각입니다. 마음이 지치지 않았을 때는 괴로운 순간에도 '이 괴로움도 분명 지나갈 거야'라고 이성적인 생각을 할 수 있습니다. 그러나 마음이 너무나 지쳐서 이성적인 생각이 어려울 때는 이 괴로움이 영원히 계속될 것이라고 믿어 버리게 됩니다.

언제까지 괴로워야 하나요?

괴로움의 끝이 있다고 믿는 것과 끝이 없다고 믿는 것의 차이는 생각보다 매우 큽니다. 우리가 힘든 고3 시절을 버틸 수 있었던 것도 끝이 있었기 때문이고, 회사에서 눈물을 흘리면서도 버티는 이유는 퇴근 시간이 있기 때문입니다. 심지어 저승세계를 그린 영화 〈신과 함께〉에서는 죽은 자들이 '끝

없는 괴로움을 겪는 곳'을 지옥으로 표현하기도 했습니다. 이 영화는 죽은 자들이 밀려오는 장애물을 끝없이, 계속해서 넘어가는 장면으로 지옥을 묘사합니다. 그것이 지옥인 이유는 괴로움이 '영원히' 계속되기 때문입니다.

괴로움이 영원할 것이라는 생각은 우리를 지옥에 살게 합니다. 그러다 보면 급기야 '차라리 죽는 게 낫겠다'라는 극단적인 생각까지 이어질 수도 있습니다. 저는 지금까지 자살을 시도하셨던 분들과 상담실에서 참 많은 대화를 나눴습니다. 그때 왜 그런 선택을 했는지에 대한 이야기를 들으면서, 그들을 극단적인 선택으로 이끈 가장 결정적인 요인은 바로 '지금 겪고 있는 괴로움이 끝나지 않을 것이다'라는 생각이었다는 것을 알 수 있었습니다.

상담실에서 정말 자주 듣는 질문이 있습니다.

"선생님, 저 언제까지 이렇게 괴로워야 하나요?"

그때마다 저는 답변합니다.

"안타깝게도, 괴로울 만큼 다 괴로워야 안 괴로워져요. 그런데 그 괴로움에 분명히 끝은 있어요. 그 끝을 조금이라도 앞당겨 보려고 우리가 만나고 있는 거고요."

시련과 역경을 겪었을 때 괴로움 없이 끝낼 수 있는 방법은 없습니다. 다만 그 시간이 더 길어지지 않도록, 조금이라도 짧아지게 만드는 마음가짐은 있습니다.

괴로움을 인정하는 마음

역경과 시련 속에서 지친 마음을 조금이라도 빨리 회복하기 위해서는 '지금 이 괴로움은 당연하다'라는 마음가짐이 필요합니다. 괴로움은 일종의 감정이고, 감정은 어떠한 자극에 대한 결과입니다. 맛있는 떡볶이를 먹으면(자극) 기쁘거나(결과), 사랑하는 사람이 죽으면(자극) 슬프거나(결과), 나를 비난하는 소리를 들으면(자극) 화가 나는 것(결과)처럼 말입니다. 우리가 어떤 감정을 느낀다는 것은 그럴만한 이유(자극)가 있다는 것을 의미합니다. 자극이 있는데 감정을 느끼지 않을 수는 없고, 자극이 강하다면 더 강한 감정을 느끼는 것이 자연스럽습니다.

자극만큼의 감정을 충분히 느끼고 나면 그 감정은 자연스럽게 마음에서 떠나갑니다. 슬픈 영화를 보고 실컷 울고 나면 마음이 개운해지는 것도 같은 이치입니다. 이러한 경험을 상담심리학에서는 '정화catharsis'라고 일컫습니다. 만약 그 감정을 충분히 느끼지 않고 피하려고 하거나 다른 감정으로 덮어버리려고 하면, 정화되지 않은 감정은 우리 마음에 응어리처럼 고여서 더 오랫동안 우리를 지치게 합니다.

괴로움이라는 감정도 마찬가지입니다. 괴로운 감정을 느낀다는 것은 괴로울 만한 자극, 즉 시련과 역경이 있다는 뜻입니다. 시련과 역경이 있다면 괴롭지 않고 지나갈 수는 없으며, 그 자극이 크다면 더 오래 괴롭고 힘든 것이 당연합니다.

느껴야 할 괴로움을 피하려고만 하면, 오히려 그 괴로움은 더 오랫동안 우리 마음에 남아서 우리를 지치게 할 수 있습니다. '이 정도면 괜찮아질 만한 때'라는 것은 없습니다. 지금도 괴롭다면 그럴만하니까 괴로운 것일 뿐입니다. 아이러니하게도 괴로움을 인정할 때, 더 빨리 괴로움에서 벗어날 수 있습니다.

이 당연한 괴로움을 견디는 과정에서 '이 괴로움은 영원할 수 없다'는 것을 꼭 기억했으면 좋겠습니다. 다행스럽게도 이 세상에 영원한 것은 없습니다. 10년이면 강산도 변한다는 말처럼, 우리의 괴로움 역시도 결코 영원히 지속될 수 없습니다. 너무나도 뻔하고 식상한 생각일 수 있습니다. 그러나 정말 마음이 지쳤을 때는 이 뻔한 생각이 자연스럽게 떠오르지 않습니다.

그러니 지금 이 글을 보고 있는 순간만이라도 마음에 다시 한번 새겨놓으셨으면 좋겠습니다. 오래, 많이 괴로울 수는 있지만, 결코 영원히 괴로울 수는 없습니다.

괴로움은 동굴이 아닌 미로

1년, 지원 씨의 괴로움의 시간은 결국 1년이 지나 끝이 났습니다. 영원할 것 같았던 괴로움의 시간을 조금이라도 줄여보기 위해 우리는 그 시간을 그저 함께 견뎠습니다. 괴로움을 피하지 않았고, 고통스러운 마음을 상담실에서 충분히 나누었습니다. 사실 '괴로움이 끝났다'라고 말할 수는 없습니다. 여전히 문득문득 슬프고, 답답하고, 눈물도 납니다. 그러나 이제는 그 괴로움이 지원 씨의 삶을 흔들지는 못합니다. 어느 날 지원 씨가 말했습니다.

"1년 전에는 제가 빛 한 점 없는 동굴에 있다고 생각했어요. 그런데 언제부턴가 동굴이 아니라 미로 속에 있는 것 같더라고요. 미로는 어딘가에 출구가 있는 거잖아요? 미로니까… 정말 어려운 미로니까 헤매는 것도 당연하고, 힘든 것도 당연하고, 포기하고 싶은 것도 당연했죠. 그래도 어딘가 출구가 있다는 생각이 있으니까… 그 괴로운 시간도 견딜 수 있었던 거 같아요."

무기력할 땐 안 먹어 본
아이스크림을 먹자

　3년 차 공무원 세은 씨는 몇 달 전부터 "의미 없다"라는 말을 입에 달고 사는 중입니다. 실제로 자신이 하는 모든 일에 의미가 없다고 생각하니, 의욕도 생기지 않았습니다. 회사 생활에 큰 문제는 없었습니다. 충분히 익숙한 일인지라 의욕이 없어도 주어진 업무를 처리하는 데 지장은 없었습니다. 그러나 세은 씨의 얼굴엔 항상 표정이 없었고, 누군가로부터 칭찬을 받거나, 혹은 비난을 받아도 감정의 큰 변화가 없었습니다. 주변 사람들은 그런 세은 씨에게 '영혼 없다'라는 말을 장난처럼 던지곤 했습니다.

　세은 씨가 처음부터 그랬던 것은 아닙니다. 긴 수험생활 끝에 합격한 직장인만큼 성취감도 컸고, 공무원이라는 직업에 대한 자부심도 있었습니다. 주어진 업무도 어렵지 않게 금방

나에게 괜찮냐고 물어본 적이 없었다

숙달해서 일에 대한 자신감도 생겼습니다. 안정적으로 쌓여가는 월급을 보면서 만족스럽기도 했습니다.

그러나 언제부턴가 반복된 업무, 반복된 일상에 지루함과 무기력함을 느꼈습니다. 주변 사람들에게 고민을 이야기하니 "원래 일하다 보면 3년 단위로 슬럼프가 온다"라는 대답이 돌아왔습니다. 그래서 '이러다 말겠지'라는 생각으로 그냥 버텼습니다.

그러나 안타깝게도 무기력은 사라지지 않았습니다. 모든 것이 점점 더 무의미하게 느껴졌습니다. 오랜만에 네일 아트를 받아봐도 예전처럼 기분이 좋아지지 않았고, 음식도 다 거기서 거기처럼 느껴져서 퇴근 후 저녁밥은 시리얼로 때우는 날이 많았습니다. 급기야 최근에는 월급날이 다가와도 별 기대감이 생기지 않았습니다. 한 달에 한 번씩 쌓여가는 월급을 확인하는 재미마저 이제는 사라져서, 언제부턴가는 통장에 쌓여 있는 잔고도 잊은 지 오래되어 버렸습니다.

인생 노잼 시기

살다 보면 이른바 '인생 노잼 시기'에 빠질 때가 있습니다. 인생 노잼 시기란 무엇을 하든 재미가 없고, 허무하게 느껴지는 시기를 지칭하는 인터넷 용어입니다. 이 시기는 슬럼프처럼 짧게 끝날 수도 있지만, 사연 속 세은 씨처럼 그 시간이 너무나 길어져 심각한 무기력감, 우울감으로 이어지기도 합니다. 그렇게 되면 삶의 모든 영역에서 흥미와 의미를 잃고 허무한 감정을 반복적으로 느끼게 됩니다. 내가 능동적으로 삶을 살아가는 것이 아니라, 삶에 수동적으로 끌려가는 것 같다는 느낌을 받기도 합니다.

이런 인생 노잼 시기는 인생을 열심히 살지 않았을 때 심각해지는 것이 아닙니다. 삶을 '관성'으로 살아갈 때 깊어집니다. 삶을 관성으로 산다는 것은 하루하루를 아무런 변화 없이 그저 쳇바퀴 돌듯 살아가는 것을 의미합니다.

사실 사회초년생들에게 인생 노잼 시기가 찾아오는 경우는 흔치 않습니다. 오히려 세은 씨처럼 어느 정도 일상과 업무에 안정감이 생기는 시기에 주로 찾아옵니다. 항상 똑같은 시간에 일어나 똑같은 루틴으로 아침 시간을 보내고, 똑같은 지하철을 타고 출근합니다. 회사에서는 어제도 만났던 직장 동료들과 인사를 하고, 컴퓨터 앞에서 업무를 시작합니다. 일은 언제나 힘들지만, 늘 해오던 일이라 어렵게 느껴지지 않습니다. 점심시간에도 인근 식당에서 이미 다 아는 맛의 음식을 먹습니다. 오전과 크게 다르지 않은 오후를 보내고, 퇴근합니다. 퇴근 후에는 TV를 보거나 스마트폰을 하며 시간을 보냅니다. 주말에는 종종 친구들과 약속을 가지기도 하지만, 대부분의 주말은 재충전이라는 명목으로 집에서 쉬기만 하는 경우가 많습니다.

이러한 하루하루는 너무나도 자연스럽게 느껴집니다. 어제 살았던 대로 오늘을 살고, 오늘 살았던 대로 내일을 삽니다. 그렇게 매일매일을 살던 대로, 관성처럼 살아갈 때 인생 노 잼 시기는 길어지고 깊어집니다.

이럴 때면 삶을 생기 있게 살아가고 있는 주변 사람들의 모습이 냉소적으로 보이기도 합니다. 다른 직원과 즐겁게 대화 나누고 있는 옆자리 직원을 보면서 '뭐가 저리 신날까?'라는 생각이 들고, 퇴근 후에 예약해 놓은 맛집에 갈 생각에 들떠 있는 김 대리를 보면서 '그게 저렇게 기대될 일인가?'라는 생각이 듭니다. 맡은 일을 열정적으로 잘 해내려는 다른 직원을 보면서 '굳이 뭐 저렇게까지 하나'라는 생각이 들기도 합니다. 다른 사람들의 의욕적인 모습을 냉소적으로 평가하지만, 사실 마음 깊은 곳에서는 '나도 저렇게 살고 싶다'라는 생각도 듭니다. 그러나 그 생각이 행동으로 옮겨지지는 않습니다. 그저 관성처럼 다시 쳇바퀴를 돌릴 뿐입니다.

현실이 괴로워도 변화하지 않으려는 이유

인간은 본능적으로 변화보다는 해오던 방식을 유지하는 편을 선호합니다. 그것이 생존에 유리하기 때문입니다. 생존 본능은 모든 생명체에게 가장 원초적이고 강력한 동기입니다.

원시 시대의 인간들은 처음엔 식량을 구하기 위해 매일 다른 장소를 탐험하고, 새로운 환경에 도전해야 했습니다. 그 과정에서 수많은 위험과 불확실성을 감수해야만 했습니다.

익숙지 않은 지역에서 처음 보는 맹수를 만날 수도 있고, 발을 헛디뎌 절벽에서 떨어질 수도 있었습니다.

그런데 무리를 이루어 정해진 장소에서 사냥을 하고, 농사를 지으며 살게 되면서 이러한 위험성과 불확실성을 줄일 수 있었습니다. 늘 같은 곳에서, 같은 방식으로 규칙적인 행동을 하는 것이 결과적으로 더 생존에 유리한 방식이었던 것입니다.

현재도 다르지 않습니다. 삶에 큰 문제가 없는 한 변화하지 않고 현상을 유지하는 것이 생존에 훨씬 유리합니다. 다니던 직장을 계속 다니는 것이 이직이나 퇴사를 하는 것보다 생존에 유리합니다. 새로운 사람을 만나는 것보다 이미 알고 있는 사람을 만나는 것이, 새로운 장소를 가는 것보다 늘 가던 장소만 가는 것이 훨씬 안전합니다. 그렇게 변화하지 않고, 현상을 유지하려 하는 것은 일종의 생존 본능일 수 있다는 것입니다.

그러나 여기서 꼭 짚고 넘어가야 할 것이 있습니다. '생존'과 '잘사는 것'은 다르다는 점입니다. 변화하지 않는 것은 분명 안전하기에 생존에 유리하지만, 그것이 잘사는 것은 아닙니다. 항상 똑같은 일을 하고, 똑같은 사람을 만나며, 똑같은 경험을 하는 것이 생존에는 유리할 수 있으나, 잘살고 있다고 느끼게 하기는 어렵습니다. 우리는 인간이기에 생존 그 이상의 것을 추구하기 때문입니다.

나에게 괜찮냐고 물어본 적이 없었다

생존을 위해 희생된 욕구들

'현실치료^{Reality Therapy}'라는 심리상담의 한 이론에서는 모든 인간은 아래와 같은 5가지 기본적인 욕구를 가지고 있다고 하였습니다.

생존의 욕구 : 건강하게 생존하기 위한 욕구, 생리적 욕구 포함

소속의 욕구 : 타인과 사랑을 주고받으며, 관계를 맺고 함께하고 자 하는 욕구

힘 의 욕 구 : 능력과 성취에 대한 욕구, 타인에게 인정받고 싶 은 욕구

자유의 욕구 : 스스로 자유롭게 선택하고 행동하고자 하는 욕구

즐거움의 욕구 : 삶에서 다양한 흥미와 즐거움을 느끼고자 하는 욕구

이 다섯 가지의 욕구를 적절하게 충족시키면서 살아갈 때 잘살고 있다는 느낌을 받을 수 있습니다. 반대로 이런 욕구 들이 잘 충족되지 않았을 때 삶이 공허하고 불만족스러울 수 있습니다.

앞에서 살펴본 변화하지 않고자 하는 생존 본능은 '생존의 욕구'를 충족시켜 줍니다. 그러나 거기에만 머물러 있으면 '자유의 욕구'와 '즐거움의 욕구'는 희생됩니다. 그렇게 자유, 즐거움의 욕구가 채워지지 않은 시간이 길어졌을 때 바로 인생 노잼 시기가 찾아오는 것입니다. 따라서 이 시기에서 벗어나기 위해서는 자유의 욕구와 즐거움의 욕구를 충족시킬

필요가 있습니다. 어떻게 하면 자유의 욕구와 즐거움의 욕구를 충족시킬 수 있을까요?

선택하는 삶을 산다는 것

저도 여러분들과 다를 것 없이 반복되는 일상을 보내고 있고, 그렇기에 종종 인생 노잼 시기가 찾아옵니다. 모든 일에 흥미가 떨어지고, 의욕이 사라질 때 제가 가장 먼저 하는 일은 '베스킨라빈스'에 가는 것입니다. 그리고 지금까지 한 번도 먹어 본 적 없는 새로운 맛의 아이스크림을 사 먹습니다. 지금은 좋아하게 된 민트초코맛도 이렇게 입문했습니다. 제가 이렇게 하는 이유는 '선택의 힘'을 믿기 때문입니다.

실존주의 철학자 장 폴 사르트르는 "인생이란 B^{Birth}와 D^{Death} 사이의 C^{Choice}다"라고 말했습니다. 해석하면 '인생이란 탄생과 죽음 사이의 선택이다'라는 뜻입니다. 그 정도로 삶에서 선택이 갖는 힘은 엄청납니다. 무엇보다 선택은 자유의 욕구와 즐거움의 욕구를 충족시켜 줍니다. '골라 먹는 재미'라는 말이 괜히 있는 것이 아닙니다. 우리는 선택을 통해 새로운 경험을 하게 되고, 새로운 경험은 우리에게 즐거운 자극을 선사합니다.

다만 모든 선택에는 위험이 따릅니다. 그래서 선택하는 삶은 즐겁기도 하지만, 동시에 불안하기도 합니다. 선택하지 않는 삶은 안정적입니다. 그러나 재미가 없습니다. 그것이 바로 앞에서 말한 인생 노잼 시기입니다. 즉, 인생 노잼 시기는 어떠한 선택도 하지 않거나, 혹은 아무것도 선택할 수 없어서 변화 없는 삶의 상태가 지속되는 시기라고 볼 수 있습니다. 선택이 없기에 변화가 없고, 변화가 없기에 안정감은 느끼지만, 자유의 욕구와 즐거움의 욕구가 채워지지 않는 것입니다. 따라서 이 시기에서 벗어나기 위해서는 삶에서 '선택하는 힘'을 키울 필요가 있습니다.

그 선택이란 것이 반드시 대단한 삶의 결정이어야 하는 것은 아닙니다. 사연 속 세은 씨의 삶이 괴롭다고 해서 '퇴사, 휴직'과 같은 커다란 선택을 바로 하기는 어렵습니다. 삶이 무의미하게 느껴질 땐, 새로운 선택에 도전하고 싶은 의욕마저 사라지기 때문입니다. 웨이트 트레이닝을 할 때도 힘이 없으면 가벼운 무게부터 시작해서 서서히 증량해야 하는 법입니다.

선택도 마찬가지입니다. '아이스크림 가게에서 안 먹어 본 맛 선택해 보기', '평소와는 다른 길로 퇴근해 보기', '안 쓰던 화장품 써 보기', '핸드폰 배경화면 바꾸기'와 같은 아주 작고 사소한 선택부터 시작해야 합니다. 그렇게 선택하는 힘을 조금씩 조금씩 키워나가야 합니다. 그래야 인생 노잼 시기에서 좀 더 빠르게 탈출할 수 있습니다.

혹시 지금 동력 없는 쪽배처럼 삶을 그저 떠내려가듯 살아가고 있다면, 무엇이든 삶에서 지금 당장 선택할 수 있는 사소한 것들을 찾길 바랍니다. 사소한 선택을 통해 차근차근 마음의 힘을 키워서, 삶의 여정에서 맞닥뜨리는 중요한 선택들을 보다 자유롭게, 즐겁게, 지치지 않고 해나갈 수 있었으면 좋겠습니다.

나에게 괜찮냐고
물어본 적이 있는가

"팀장님은 안 힘드세요?"

오늘도 정시에 퇴근하지 않고 회사에 남는 서인 씨에게 팀원들이 걱정스러운 표정으로 물었습니다. 서인 씨는 이번 달 내내 야근을 했습니다. 팀원들이 걱정하는 것도 당연했습니다.

"힘들긴~ 직장인이 다 이러고 사는 거지 뭐."

서인 씨는 말만 이렇게 하는 것이 아니라 정말로 대수롭지 않게 생각했습니다. 꿈꾸던 회사에 입사에서 쉼 없이 달려온 8년, 서인 씨는 누구에게 말해도 부끄럽지 않을 정도로 열심히 살았습니다. 회사에서도 서인 씨의 업무능력을 높게 평가했고, 그래서 초고속 승진도 할 수 있었습니다. 서인 씨도 그런 스스로에게 자부심을 가지고 있었습니다. 일을 성취해내는 것이 재밌었고, 인정받는 것이 행복했습니다. 그래서인지 주변에서는 서인 씨가 너무 무리하는 것이 아닌가 걱정해도, 정작 서인 씨 본인은 힘들다는 생각을 별로 해본 적이 없었습니다.

그러나 서인 씨의 몸은 계속 힘들다는 신호를 보내고 있었습니다. 두통을 달고 살았고, 감기도 자주 걸렸습니다. 알 수 없는 근육통이 심한 날도 있었습니다. 그래도 서인 씨는 대수롭지 않게 여겼습니다.

그러던 서인 씨는 어느 날 중요한 발표를 앞두고 갑자기 숨이 막히는 느낌을 받았습니다. 심장이 너무나 빨리 뛰었고, 식은땀이 흘렸습니다. 이러다 정말 죽을지도 모른다는 극심한 공포를 느꼈습니다. 공황발작(공황장애의 증상)이 나타난 것입니다. 이후로도 이런 공황발작 증상을 몇 번이나 더 겪고 나서야 서인 씨는 뭔가 잘못되었음을 느끼고, 상담센터를 찾았습니다.

헬스장의 거울

상담실에서는 서인 씨처럼 마음이 병들어 가는 것을 모른 채, 혹은 외면한 채 살아온 분들을 자주 만나게 됩니다. 이분들은 대부분 서인 씨처럼 일상생활에 큰 영향을 줄 정도로 증상이 심각하게 나타날 때 상담실을 찾아옵니다. 서인 씨처럼 공황장애를 겪게 되거나, 심각한 수준의 번아웃과 우울증을 겪기도 합니다. '좀 더 일찍 본인의 상태를 알아차리고, 적절한 조치를 취했다면 이렇게까지 힘들지 않았을 텐데'라는 생각에 안타까운 마음이 듭니다.

어떤 일이든 현재 상태를 관찰하는 것은 무엇보다 중요합니다. 회사에서 매주 업무보고를 하는 이유는 우리 회사의 현재 상태를 파악하여 필요한 조치를 취하기 위함입니다. 다이어트를 할 때 매일매일 몸무게를 재는 것도 같은 까닭입니다. 헬스장 곳곳에 거울이 달려 있는 이유도 지금 내 자세를 관찰해 가면서 더 좋은 자세로 운동을 하기 위함입니다. 만약 거울로 내 자세를 보지 않고 운동을 한다면 운동 효율도 크게 떨어지고, 무엇보다 부상의 위험도 클 것입니다.

우리 마음도 마찬가지입니다. 지금 나의 마음 상태가 어떤지 '셀프-모니터링'을 해야 내가 무엇이 부족하고, 무엇이 필요한지를 알고 스스로 조치해 줄 수 있습니다. 그렇지 않으면 삶을 효율적으로 살아 나가기 힘들 뿐 아니라, 서인 씨처럼 더 큰 마음의 병을 얻게 될지도 모릅니다.

나를 관찰하는 것이 어려운 이유

하지만 셀프-모니터링은 결코 쉽지 않습니다. 우리의 감각 센서는 내부를 감지하는 쪽보다, 외부 환경을 감지하는 쪽으로 더 발달했기 때문입니다. 우리의 눈, 코, 입, 손, 발은 모두 바깥세상을 향해 있습니다. 그래서 우리는 외부 환경을 감지하는 것에는 익숙하지만, 내 상태와 마음을 감지하는 것은 상대적으로 어렵고 어색하게 느끼기 마련입니다. 누군가와 대화할 때도 상대방의 생각이나 감정은 주의 깊게 살피지만, 상대적으로 내 생각, 내 감정에는 주의를 덜 기울이게 됩니다.

특히 뭔가에 몰입했을 때는 내 상태를 모니터링하기가 더 어렵습니다. 저는 며칠 전, 퇴근 후에 TV 리모컨을 누를 때 왼쪽 손가락의 베인 상처를 발견했습니다. 이 정도 상처면 분명히 베일 때도 꽤 아팠을 텐데 전혀 기억이 없어서 놀랐습니다. 그날 퇴근 전, 일에 열심히 몰입하고 있던 어느 순간 저도 모르게 베인 것일 테죠. 아마도 일에 몰입하고 있지 않았다면 고통을 느꼈을 것이고, 연고도 바르고, 반창고도 붙였을 것입니다. 이처럼 뭔가에 몰입했을 때는 나를 관찰하기 매우 어렵고, 고통조차 잘 느끼지 못하기도 합니다.

어떤 일이나 관계에 지나치게 몰입하고 있을 때도 마찬가지입니다. 그 일이나 관계에서 느껴지는 고통을 잘 알아차리지 못하거나, 혹은 익숙해져서 무뎌지기도 합니다. '그러려니' 하고 넘겨버리기 일쑤입니다. 서인 씨는 일에 몰두하여 고통을 느끼지 못하거나 간과하였고, 어떤 사람은 사랑하는 사람과의 관계에 지나치게 몰두하여 그 관계에서 겪는 고통을 당연시해 버리기도 합니다. 하물며 이런 마음의 괴로움은 몸에 난 상처처럼 눈에 보이는 것도 아니니 더더욱 알아차리기 어렵습니다.

나에게 괜찮냐고 물어본 적이 없었다

셀프-모니터링 훈련

내 마음의 상태를 관찰하기 위해서는 의식적 노력, 인위적인 훈련들이 필요합니다. 저는 이 과정을 '셀프-모니터링 훈련'이라고 부르고, 실제로 상담에서도 많은 내담자분들과 이 훈련을 함께하고 있습니다. 만약 오랫동안 본인을 관찰해오지 않은 사람이라면, 이 훈련이 익숙해지는 시간은 그만큼 오래 걸릴 수 있습니다.

셀프-모니터링 훈련을 위해 가장 먼저 해야 할 것은 주기 weekly diary 쓰기입니다. 일주일에 딱 한 번 시간을 정해서 한 주를 돌아보고 기록하는 것입니다. 내용을 많이 적을 필요도 없고, 일주일간 있었던 모든 일을 다 기억해 낼 필요도 없습니다. 중요한 것은 지난 일주일간 있었던 사건들을 나열하는 것보다, 한 가지 사건을 기록하더라도 거기서 내가 어떤 생각들을 했고, 어떤 감정들을 느꼈는지를 기록하는 것입니다.

예를 들어, '이번 주 화요일에 부장님에게 욕을 먹었다'라고 기록하는 것이 아니라 '이번 주 화요일에 부장님에게 욕을 먹어서 너무 화가 났고 억울했다. 이런 소리까지 들으면서 회사를 다녀야 하는 건가 싶었다'라고 기록하는 것이 더 좋습니다.

그리고 가장 중요한 것은 마지막에 이번 주는 얼마나 괜찮았는지 점수를 매겨보는 것입니다. '0점: 최악이었다 ~ 10점: 최고였다' 정도로 척도화하는 것을 추천합니다. 이 훈련을 통해 적어도 일주일에 한 번은 나를 관찰하는 습관을 기를 수 있습니다.

주기를 쓰는 것이 어느 정도 익숙해졌다면 이제는 일기에 도전해 볼 수 있습니다. 이때부터는 정말 귀찮아질 수 있으니, 가급적이면 핸드폰처럼 접근이 간편한 매체를 활용해서 작성하는 것을 추천합니다. 중요한 것은 대충 쓰더라도 매일 쓰는 것입니다. '최악'처럼 딱 한 단어만 적어도 괜찮습니다. 이렇게 일기를 쓰게 되면 자기 자신을 관찰하는 빈도를 하루 한 번으로 늘릴 수 있습니다.

마지막 단계는 일상의 순간순간마다 내 상태를 알아차리는 것입니다. 주기와 일기 쓰기가 충분히 훈련되면 '내 상태를 관찰하는 것'이 어떤 느낌인지 감을 잡을 수 있습니다. 나의 감정을 파악하는 데에는 '스스로 상태를 묻고 답하는 과정self-talk'이 도움이 됩니다. 등산을 처음 가보는 친구와 함께 등산을 간 이미지를 떠올려 보면 좋겠습니다. 그때는 무작정 산을 오르는 것만이 아니라, 친구의 상태가 괜찮은지 수시로 체크할 것입니다.

"지금 괜찮아?"

"쉬다 갈까?"

"힘들면 꼭 말해."

우리가 우리 마음을 관찰하기 위해서 스스로에게 건네야 할 말들도 위와 같습니다. 지금 정말 괜찮은지, 쉬고 싶지는 않은지 수시로 묻고, 지금 괜찮더라도 앞으로 힘들어지면 꼭 말하라고 자주 확인해 주어야 합니다.

그리고 이 질문에 무작정 "괜찮아"라고 답할 것이 아니라 정말 지금 괜찮은지, 얼마나 괜찮은지를 고민하고 성실하게 답해야 하겠습니다. 앞선 단계인 일기, 주기 쓰기를 통해 현재 상태를 꼼꼼하고 솔직하게 확인해 보는 연습을 충분히 해야 이 과정이 보다 수월해집니다.

용기는 자기관찰에서부터

서인 씨와도 이런 셀프-모니터링 훈련을 함께했습니다. 이 과정을 충분히 훈련한 후 서인 씨는 결국 휴직을 결심했습니다. 쉽지 않은 결정이었습니다. 이 결정으로 상당히 많은 것을 포기해야만 했습니다. 그러나 스스로의 상태를 관찰해 보니 도저히 이대로 방치할 수는 없다고 결론 내리게 되었습니다. 그리고 저는 그 용기를 지지했습니다.

"정말 어려운 용기를 내셨네요."

"저를 계속 관찰하다 보니까 한 가지 알게 된 게 있는데, 제가 저를 제일 걱정 안 해주고 있다는 거였어요. 오히려 팀원들이나 가족들, 주변 사람들은 제 상태를 많이 걱정했었거든요. 어쩌면 주변 사람들이 더 저를 많이 관찰했던 거 같아요. 걱정할 만했죠. 근데 저는 저를 봐주지를 않았으니까…. 그런 걱정하는 말들도 귀에 안 들어왔던 것 같아요. 이번에 이렇게 저를 계속 관찰해 보니까, 제가 너무 불쌍하고 안쓰럽고, 저에게 미안하더라고요. 그래서 최소한 휴직 정도는 해 줄 수 있지 않나…. 그런 생각이 들었어요."

멀리 가고 싶다면
온전히 쉬어야 한다

'쉬는 건 어차피 죽고 나면 영원히 한다.'

'잠은 관에서 자는 거다.'

덕연 씨는 핸드폰 배경화면에 이 두 문장을 적어놓았습니다. 적어만 놓은 것이 아니라, 실제로 이 두 문장을 신조로 삼아 누구보다 열정적인 모습으로 삶을 살아가고 있습니다.

사무실에서 가장 일찍 출근하고, 가장 늦게 퇴근하는 것은 언제나 덕연 씨였습니다. 주어진 일을 책임감 있게 해내는 것은 물론이고, 주어지지 않은 일도 능동적으로 찾아서 했습니다. 적극적이고 열정적인 태도는 회사에서도 좋은 평가로 이어졌고, 작년과 재작년에는 2년 연속으로 '올해의 사원상'을 수상하기도 했습니다. 2년 연속으로 한 사람이 이 상을 받은 것은 회사 창사 이래로 처음 있는 일이었습니다.

그런 덕연 씨가 상담실에 찾아와 처음 꺼낸 말은 참으로 덕연 씨다운 말이었습니다.

"요즘 들어 동기가 떨어진 것 같아요. 예전만큼 달리기 어려운 느낌이에요. 자꾸 쉬고 싶고, 안 하고 싶고 그래서…. 멘탈이 좀 해이해진 것 같아요."

"어떨 때 동기가 떨어지고, 멘탈이 해이해졌다고 느끼세요?"

"예전에는 '퇴근 시간'이라는 개념이 별로 중요하지가 않았거든요. 일을 다 하는 게 중요하지, 시간 맞춰서 퇴근하는 건 별로 안 중요하게 여겼는데 요즘 들어 자꾸 시계를 보더라고요. '집에 가져가서 해야겠다' 하고 퇴근하면, 잘 안 하고 누워 있게 돼요. 휴일에도 할 일이 있으면 알아서 출근했었는데, 요즘에는 그냥 누워만 있네요. 누워 있어도 제대로 쉬는 느낌이 안 들고 뭔가 계속 찜찜하고 불안해요."

절전모드와 방전

몸과 마음의 체력은 결코 무한하지 않습니다. 심지어 집에 가만히 누워만 있어도 체력은 소모됩니다. 켜놓기만 해도 배터리가 소모되는 핸드폰처럼 말입니다. 몸을 너무 많이 사용하거나, 스트레스를 많이 받으면 더 빠르게 지치겠지만, 사실은 뭘 하지 않아도, 그냥 시간이 흐르는 것만으로도 체력은 소모됩니다. 우리가 "힘들다"라고 입버릇처럼 말하는 것도 몸과 마음의 체력이 계속 소모되고 있기 때문입니다. 그러므로 누구에게나 '충전'은 필수입니다.

충전을 하지 않았을 때 생기는 문제도 핸드폰과 비슷합니다. 배터리가 아주 적게 남았을 때 핸드폰은 자동으로 '절전모드'로 전환됩니다. 화면은 어두워지고, 최소한의 기능을 제외한 다른 기능들은 모두 차단되어 버립니다. 그 상태에서도 충전이 되지 않으면 전원이 꺼지고, 더 이상 아무런 기능도 할 수 없는 돌덩어리가 되어 버립니다.

우리의 몸과 마음도 마찬가지입니다. 몸과 마음의 체력이 너무 많이 소모되면 절전모드처럼 기능이 많이 제한됩니다. 잘하던 것도 못 하게 되고, 반대로 안 하던 행동을 하게 되기도 합니다. 예를 들어, 갑자기 집중력이나 기억력이 떨어지거나, 혹은 폭식을 하게 되는 것처럼 말입니다.

이쯤 되면 내가 뭔가 '이상해졌다'는 느낌을 받습니다. 사실은 이상한 것이 아니라 힘든 것인데도, 당장 기능상의 문제가 생기니 '이상해졌다'라는 생각이 드는 것입니다. 이상하든 힘들든 이때 적절하게 충전을 시켜주면 다시 정상궤도로 돌아갈 수 있지만, 계속 충전 없이 방치시킨다면 우리의 몸과 마음도 방전이 됩니다. 그리고 돌덩어리로 전락한 핸드폰처럼 아무것도 할 수 없는 상태가 되어 버립니다. 이것이 우리에게 익숙한 '번-아웃^{burn-out}'입니다.

몸과 마음의 필수영양소

따라서 우리는 절전모드나 방전이 되지 않도록 휴식을 통해 적절하게 몸과 마음의 체력을 충전해 줄 필요가 있습니다. 그러나 덕연 씨처럼 그것을 어렵게 느끼는 분들도 있습니다. 상담실에서 이처럼 휴식을 어려워하는 분들을 만나오며, 이분들에게 한 가지 공통적인 신념이 있다는 것을 발견할 수 있었습니다. 바로 '휴식은 나쁘다'라는 신념이었습니다. 덕연 씨의 신조인 '쉬는 건 어차피 죽고 나면 영원히 한다', '잠은 관에서 자는 거다'처럼 말입니다. 휴식의 필요성을 머리로는 알고 있지만, 웬만하면 쉬지 않는 편이 좋다고 내심 생각하고 있는 것입니다.

저는 이것이 음식의 지방을 대하는 태도와 비슷하다고 생각했습니다. 아직도 많은 분들의 마음속에는 '지방은 나쁘다'라는 인식이 있습니다. 지방이 우리 몸에 필요한 필수영양소인데도 말입니다. 지방을 대하는 태도처럼, 휴식도 내심 나쁜 것으로 인식하고 되도록 선택하지 않으려 합니다. 덕연 씨가 휴식을 취하면서 알 수 없는 불안함을 느끼는 이유도 이와 같습니다. 무의식적으로 '무언가를 잘못하고 있다'고 여기기 때문입니다.

이런 인식에는 사회문화적인 영향이 크게 작용합니다. 우리 사회는 보통 '생산적인 행동'은 긍정적으로 평가하고 '비생산적인 행동'에는 가치를 두지 않습니다. 그런 측면에서 보면 휴식이야말로 비생산적으로 보일 것이고, 그래서 가치 없다고 생각하는 것입니다. 유튜브에서 휴식에 대한 영상보다 '동기부여 영상', '일잘러가 되는 법'과 같은 영상들이 훨씬 인기가 많은 것도 그런 이유에서입니다. 만약 여기에 더해, 부모님이 생산적인 행동만 긍정적으로 평가하고, 휴식은 존중해 주지 않는 가정환경 속에서 성장했다면, 휴식에 대한 본능적 거부감은 더 클 것입니다.

그런데 사실 휴식은 그 무엇보다 생산적인 행동입니다. 휴식을 선택한다는 것은 자동차가 주유소에 들르는 것과 같습니다. 주유를 하려면 달리던 차를 꽤 오랜 시간 멈춰두어야 하고, 그 시간 동안은 조금도 움직일 수 없는 매우 비생산적인 상태가 됩니다. 그러나 비생산적으로 '보이는' 것과 달리, 그 시간 동안 실제로 자동차는 기름을 채우며 더 잘 움직일 수 있도록 '생산력'을 충전합니다.

휴식도 이와 같습니다. 휴식의 순간이 누군가에게는 매우 비생산적으로 보일 수도 있습니다. 그러나 그 순간은 더 생산적인 삶을 살아가기 위해 생산력을 충전하는 시간이라는 것을 잊지 않았으면 좋겠습니다.

휴식에 필요한 마음가짐

휴식의 필요성과 중요성을 잘 알고 있지만 '방법'을 몰라서 난감해하는 분들도 많습니다. 당연한 일입니다. 국영수를 잘하는 방법은 열심히 배워왔어도, 휴식하는 방법을 따로 가르쳐주는 사람은 없었으니 어려울 수밖에 없습니다.

휴식의 방법을 찾고자 하는 분들은 우선 '휴식은 시간 날 때 하는 것이 아니라, 시간을 내서 하는 것'이라는 마음가짐부터 가질 필요가 있습니다. 휴식은 할 일을 다 하고 남는 시간에 하는 것이 아니라, '해야 할 일Things to do 리스트'의 한 줄이 되어야 한다는 것입니다. 그래야 '언제, 어떻게' 쉴지를 계획할 수 있습니다.

모든 사람에게 통용되는 최고의 휴식 방법이라는 것은 없습니다. 다른 사람에게는 좋은 휴식이 나에게는 휴식이 되지 않을 수 있습니다. 제 친구에게 등산은 최고의 힐링이자 휴식이지만, 저에게 등산은 운동 그 이상의 의미가 되지 않습니다. 누군가에게는 여행이 휴식이지만, 누군가에게는 그저 '사서 고생'으로만 느껴질 수도 있습니다.

그럼에도 불구하고 어떻게 쉬어야 할지 몰라 난처할 때는 다른 사람들의 휴식 방법을 모방해 볼 필요가 있습니다. 다른 사람들이 쉬는 방법들을 따라 하면서 나에게 맞는 방법을 찾아나가는 것입니다. 여러 가지를 시도해 보고, 최대한 많은 '휴식의 옵션'을 만들어 놓는 태도가 중요합니다. 어느 날은 휴식이 되는 것이 다른 날에는 휴식이 되지 않기도 하기 때문입니다.

무엇보다 휴식을 할 때는 온전히 쉬는 일에만 집중했으면 좋겠습니다. 누워서 TV를 본다면 그 TV의 내용에 집중하고, 맛있는 걸 해 먹는다면 그 음식에 집중했으면 좋겠습니다. 그 순간만큼은 휴식 이외의 것들, 가령 업무에 대한 생각이나 내일 할 일, 다른 사람의 마음 같은 요소에 집중을 뺏기지 않았으면 좋겠습니다. 그래야 더 잘 쉴 수 있습니다.

핸드폰을 가장 빠르게 충전하는 방법은 충전기에 꽂아놓고 오로지 충전만 하도록 두는 것입니다. 충전하는 동시에 핸드폰을 사용하면 충전 속도가 더뎌지듯, 휴식에 몰입하지 않으면 아무리 쉬어도 쉰 것 같지 않은 피로감을 느끼게 됩니다.

멍때리기와 명상

제가 개인적으로 추천하고 싶은 휴식의 방법 한 가지는 바로 '멍때리기'입니다. 하루 종일 풀가동하고 있는 우리의 뇌에게 휴식을 주는 것입니다. 요즘엔 한 가지를 바라보며 멍하니 있는 것을 '○○멍'이라고 말합니다. 모닥불을 바라보며 멍때리는 것은 '불멍', 모래를 바라보며 멍때리는 것은 '모래멍' 같은 식입니다.

불멍도 좋고, 모래멍도 좋고, 그냥 아무것도 없이 멍을 때려도 좋습니다. 중요한 것은 최대한 무념무상의 상태에 머무는 것입니다. 온몸, 특히 얼굴근육에 최대한 힘을 풀고 무엇에도 집중하지 않는 상태로 10분에서 15분 정도 가만히 있으면 됩니다. 얼굴근육을 풀 때 약간의 팁을 드리자면, 세상에서 가장 흐리멍덩한 표정을 짓는다고 생각하면 좋습니다.

또 한 가지 추천하고 싶은 휴식의 방법은 '명상'입니다. 이미 미국에서는 많은 사람들이 휴식을 위해 명상을 합니다. 저도 하루에 15분씩은 꼭 명상을 합니다.

가장 쉽게 시작해 볼 수 있는 명상은 '호흡 명상'입니다. TV에서 본 것처럼 가부좌를 틀 필요도 없고, 느낌 있는 잔잔한 음악을 틀 필요도 없습니다. 그저 되도록 조용한 환경에서 최대한 편한 자세로 있으면 됩니다. 누워도 괜찮습니다. 중요한 것은 나의 모든 감각을 오로지 호흡에만 집중시키는 것입니다. 바람이 코로 들어올 때의 작은 소리, 코끝이 차가워지는 느낌에 주목하고, 배가 부풀어 오르는 것에 집중합니다. 숨을 내쉴 때 배가 들어가고 공기가 몸을 타고 올라와 입 밖으로 따뜻하게 뱉어지는 감각을 온전히 느껴봅니다.

문득 주변의 소리에 신경이 분산되거나, 다른 생각이 떠오를 수도 있습니다. 그럴 때도 다시 호흡으로 마음을 옮겨옵니다. 이것을 반복하며 최대한 호흡에만 몰입하는 것이 호흡 명상의 핵심입니다. 호흡 명상은 무엇보다 삶의 긴장을 낮춰줄 수 있습니다. 원치 않는 생각이나 걱정에서 잠시 벗어나 오로지 호흡에만 집중하는 경험은 그 자체로 엄청난 휴식이 되어줄 겁니다.

하기 싫은 마음도
존중해야 한다

"선생님, 전 아무래도 전생에 아메바였던 것 같아요."

어느 주말 오후, 상담실에 들어오자마자 뜬금없이 아메바 얘기를 꺼내는 주연 씨에게 되물었습니다.

"아메바요?"

"네. 저는 왜 이렇게 아무것도 하기 싫을까요? 오늘도 원래 는 아침에 청소도 하고 운동도 하려고 했는데, 침대에서 나오지도 않고 뒹굴거리기만 하다가 왔어요."

"아무것도 안 하고 싶고, 안 하는 내 모습이 아메바처럼 느껴진다는 거죠?"

"네. 아메바 아니면 돌이나 흙 같은 거 아니었을까요? 가만히 있는 게 당연한 무생물이요."

주연 씨 스스로도 이런 표현이 웃겼는지 피식 웃고는 말을 이어갔습니다.

"왜 요즘 '갓생 산다'라고 하잖아요. 그렇게 자기 할 일 찾아서 열심히 해내는 사람들 보면, 진짜 저는 그런 사람들이랑 아예 다른 생물인 것 같다니까요?"

"그래서 아메바 같다고 하신 거였군요. 그런 주연 씨 모습이 정말 맘에 들지 않는가 봐요."

"네. 진짜 문제 같아요. 전 왜 이렇게 게으르고 아무것도 안 하고 싶을까요?"

나는 왜 이렇게 게으를까

누구나 성실한 사람이 되고 싶어합니다. 그래서 보통 뭔가를 열심히 하고자 하는 내 모습은 좋아하고, 하지 않으려고 하는 게으른 내 모습은 싫어합니다. 저도 그렇습니다. 어제 열심히 운동을 한 저는 마음에 들지만, 오늘 이 글을 쓰는 것을 꾸역꾸역 미루고 있는 제 모습은 무척이나 마음에 들지 않습니다.

이처럼 할 일을 미루는 모습들을 심리학에서는 '지연행동 procrastination'이라고 합니다. 지연행동이 나타나는 원인은 정말 다양합니다. 대표적인 원인은 바로 완벽주의입니다. 하면 제대로 해야 한다는 완벽주의적인 신념이 해야 할 일에 대한 부담을 키워서 더 미루게 되는 것입니다. 정서적으로 우울, 불안이 높거나 스트레스가 심한 상황일 때도 지연행동이 강화될 수 있습니다. 선천적인 기질이나 성격, 성장환경 역시도 지연행동에 중요한 영향을 미칩니다.

그러나 가장 중요한 근본적인 원인은 따로 있습니다. 인간에게는 '아무것도 하고 싶지 않은 본능'이 있다는 것입니다. 말 그대로 인간의 본능이기 때문에, 이 세상에 미루고 싶은 마음으로부터 자유로운 사람은 있을 수 없습니다.

아무것도 하고 싶지 않은 본능

'아무것도 안 하고 싶다. 이미 아무것도 안 하고 있지만 더 격렬하게 아무것도 안 하고 싶다.'

몇 년 전 한 TV 광고에서 봤던 문장인데, 너무나 공감이 되어서 아직까지도 기억에 남아 있습니다. 이 광고가 저뿐만 아닌 많은 대중들의 공감을 얻을 수 있었던 것은 우리 모두의 마음에 있는 '아무것도 하고 싶지 않은 본능'을 날카롭게 꿰뚫었기 때문일 것입니다.

정신분석학을 창시한 지그문트 프로이트^{Sigmund Freud}는 인간의 행동에 영향을 미치는 두 가지 기초적인 본능이 있다고 말하였습니다. 그것은 바로 삶에 대한 본능 '에로스^{Eros}'와 죽음에 대한 본능 '타나토스^{Thanatos}'입니다. 에로스가 말 그대로 삶을 살아가게 하는 원동력이라면, 타나토스는 우리 삶을 파괴와 죽음으로 이끄는 힘을 뜻합니다.

그런데 여기서 말하는 죽음이란 것은 비단 육체적인 죽음

만을 뜻하는 것이 아니라, 심리적인 죽음까지 포함합니다. 요컨대 아무것도 생각하지 않고, 느끼지도 않고, 행동하지도 않는 상태, 마치 흙과 돌멩이 같은 무생물 상태로 돌아가고자하는 마음입니다. 우리의 아무것도 하고 싶지 않은 본능은 바로 이 타나토스를 뜻합니다.

잘살아 보고자 하는 본능인 에로스와 아무것도 하고 싶지 않은 본능인 타나토스는 우리 마음속에서 항상 팽팽한 줄다리기를 합니다. 어느 한쪽에만 힘을 많이 주면, 다른 한쪽에서 저항하는 힘이 생겨 버립니다. 지나치게 열심히 살다 보면 어느 순간 '다 놓아 버리고 싶다'는 마음이 드는 것도, 지나치게 무기력하게 살다 보면 '언제까지 이렇게 살 건가' 하는 자괴감이 드는 것도 이러한 이유 때문입니다.

잊지 말아야 할 것은 하고 싶지 않은 마음이 본능이라는 점입니다. 인간이기에 본능적으로 식욕과 수면욕이 있는 것처럼 하고 싶지 않은 마음이 드는 것도 너무나 당연합니다. 그렇기에 뭔가를 하고 싶지 않은 마음이 들 때 그 마음을 비난하지 않았으면 좋겠습니다. 격렬하게 아무것도 하고 싶지 않은 그 마음은 인간이기에 당연히 느끼는 본능일 뿐입니다.

부족하지도, 넘치지도 않게

그렇다고 해서 아무것도 하지 않고 살아도 괜찮다는 것은 아닙니다. 모든 본능과 욕구는 그것을 알아차리고 적정 수준으로 충족시켜 주는 것이 매우 중요합니다. 너무 부족해도, 넘쳐도 부작용이 생깁니다.

식욕을 예로 들어보겠습니다. 식욕이 지나칠 정도로 채워지지 않으면 단순히 배가 고픈 정도가 아니라 먹을 것에 대한 집착으로 이어집니다. 그렇다고 식욕을 너무 많이 채우면 일종의 내성이 생겨서 이전과 같은 수준으로 먹어도 불만족스럽습니다. 즐거움에 대한 욕구도 너무 부족하면 삶이 우울해지고, 너무 넘치게 채우면 점점 더 강한 쾌락에 매달리는 각종 중독으로 나타날 수 있습니다.

아무것도 하고 싶지 않은 본능도 마찬가지입니다. 너무 부족하면 우리의 몸과 마음은 '아무것도 하지 않는 것'에 집착하게 됩니다. 당장 해야 할 일이 있어도 자꾸만 침대가 눈에 들어오고 '1시간만 쉬고 하자'라는 생각에 사로잡히게 되는 것입니다. 반대로 너무 많이 채우면 쉬어도 쉰 것 같지 않고, 무기력한 상태에 빠지게 됩니다.

하고 싶지 않은 마음을 존중할 때 생기는 일

삶이라는 마라톤을 오랫동안 지치지 않고 성실하게 달리고 싶다면, 아이러니하게도 '하고 싶지 않은 마음'을 존중해 줄 필요가 있습니다. 하고 싶지 않은 마음을 무시하거나 억누르려고 하면 그것은 더 강한 저항, 즉 '더 격렬하게 하고 싶지 않은 마음'이 됩니다. 하고 싶지 않은 마음을 미워하면 할수록 그것은 그만큼 강한 고무줄이 되어 우리를 앞으로 나아가지 못하게 잡아당길 것입니다.

하고 싶지 않다는 생각이 들 때, 자동으로 '아, 이런 생각 하면 안 되는데!', '정신 차려야지! 무슨 생각하는 거야!', '난 역시 약해빠졌어'라는 자기 비난이 고개를 들 수 있습니다. 하지만 하고 싶지 않다는 생각이 들 때 가끔은 잠깐 멈추어서 '지금 내가 하고 싶지 않구나'라고 그 마음을 알아주고, 존중해 주었으면 좋겠습니다.

잠시 멈추어 지금 내 눈앞에 놓인 일이 '반드시 해야 하는 일인지/하면 좋은 일인지', 그리고 '하고 싶은 일인지/하고 싶지 않은 일인지'를 분류해 보길 바랍니다. 이 작업을 해보면 해야 하는 일이라고 생각했던 많은 것들이 사실은 하면 좋은 일이었다는 것을 알 수 있습니다. 예를 들어, 주말에 자기 계발을 하는 것은 해야 하는 일이 아니라, 하면 좋은 일입니다. 아침에 일어나서 공복 유산소 운동을 하는 것은 하면 좋은 일이지, 해야 하는 일은 아닙니다.

물론 하기 싫은 일이라고 해서 무조건 하지 않는 선택을 해도 되는 것은 아닙니다. 다만, '하기 싫은 일'인 동시에 '하면 좋은 일'이라면 가끔은 능동적으로 하지 않는 선택을 해주면 좋겠습니다.

이런 선택을 심리학에서는 '능동적 지연행동active procrastination'이라고 합니다. 이것은 단순한 지연행동처럼 습관적으로 할 일을 무작정 미루거나 회피하는 것이 아닙니다. 능동적 지연 행동은 의도적이고 전략적으로 내 행동을 조직화하는 것입니다. 단순한 지연행동이 스트레스와 죄책감을 증대시키는 것과 달리, 능동적으로 미루기를 '선택'하면 오히려 더 높은 성취감과 자기효능감을 느낄 수 있습니다. 그리고 이런 능동적 지연행동을 위해 필요한 전제조건은 앞서 강조한 하고 싶지 않은 마음을 존중하는 것입니다.

그런 차원에서 저도 지금 쓰고 있는 이 챕터를 어제가 아닌 오늘 쓰기로 선택했습니다. 사실은 어제까지 완료하는 것이 목표였으나, 그것은 '반드시 해야 할 일'이 아니라 '하면 좋은 일'이며, '하고 싶지 않은 일'이라는 것을 알아차렸기 때문입니다. 제가 오늘 이 글을 마칠 수 있었던 것은 어제 하고 싶지 않은 제 마음을 존중했기 때문입니다. 저의 행동을 능동적으로 선택했기 때문에, 정말 해야 할 때 진심으로 임할 수 있었던 것입니다. 이렇게 하고 싶지 않은 마음을 적절히 충족시켜 줘야 우리 마음에 여유가 생겨, 정말 해야 할 일을 할 때 발목 잡히지 않을 수 있습니다.

괜찮지 않아도
괜찮다

지유 씨는 주변 사람들로부터 '씩씩하다', '긍정적이다'라는 피드백을 자주 듣습니다. 이번 주 월요일도 그랬습니다. 출근하자마자 팀장님 방으로 호출된 지유 씨는 사무실의 다른 직원들에게 모두 들릴 정도로 팀장님에게 큰 소리로 욕을 먹었습니다. 사실 지유 씨에게는 욕을 먹을 이유도, 혼이 날 이유도 없었습니다. 오늘 휴가로 출근하지 않은 직원이 지난주 퇴근 전에 저질러 놓은 실수를 지유 씨의 실수로 팀장님이 오해한 것이었습니다.

지유 씨로서는 자기가 잘못한 것도 아닌데 이렇게 망신스럽게 혼나고 있는 상황이 억울할 만도 했습니다. 그러나 팀장님 성격상 본인이 한 일이 아니라고 하면 괜히 말이 더 길어질 것 같아서 그냥 "죄송합니다"라고 말하고 자리로 돌아왔습니다. 상황을 알고 있는 팀원들은 지유 씨를 위로해 주기 위해 자리로 찾아왔습니다.

"지유 씨 괜찮아? 엄청 억울했겠다. 아니 팀장님은 알지도 못하면서 왜 저런데. 직장 내 갑질, 언어폭력으로 신고해야 된다니까 진짜."

걱정스러운 표정으로 위로를 건네는 팀원들과는 달리 지유 씨는 해맑은 표정으로 말했습니다.

"괜찮아요! 팀장님이 오해할 수도 있죠 뭐. 전 괜찮아요! 걱정 안 해주셔도 괜찮아요."

이런 지유 씨를 보고 팀원들은 놀라워하며 말했습니다.

"아니, 어떻게 이런 일을 겪고도 이렇게 밝을 수가 있어. 진짜 괜찮은 거 맞지? 하여간 이럴 때 보면 긍정적인 건지, 둔한 건지…."

지유 씨는 다시 한번 웃어 보이며 말했습니다.

"긍정적으로 생각해야죠! 전 괜찮아요."

괜찮아야 괜찮은 사람들

상담실에서 지유 씨의 이야기를 듣다 보니, 문득 제가 유치원생이었던 시절의 어느 날이 떠올랐습니다.

그날은 유치원에서 소풍을 간 날이었습니다. 점심을 먹으려고 이동하던 중에 제 손을 잡고 같이 걸어가던 짝꿍이 발을 헛디뎌 바닥에 쿵 하고 넘어졌습니다. 저도 놀랐고, 선생님도 놀라서 그 아이에게 달려갔습니다. 그런데 짝꿍은 울지도 않고 무릎을 툭툭 털며 일어나서 "괜찮아요~"라고 말했습니다. 그러자 선생님은 짝꿍의 머리를 쓰다듬으며 밝은 미소로 칭찬했습니다. "우리 ○○이 정말 씩씩하네~."

그 모습을 옆에서 지켜보고 있었던 저는 왠지 모르게 부러운 마음이 들었던 것 같습니다. 그 아이에 대한 걱정보다 선생님께 저렇게 예쁨 받고 칭찬을 받는 친구에 대한 부러움이 앞섰습니다. 어쩌면 저는 그때부터 오해했을지도 모릅니다. '다치고 아파도 괜찮아야 씩씩하다고 칭찬받고 예쁨 받을 수 있는 거구나.' '괜찮은 게 좋은 거구나.'

비단 저뿐만 아니라 많은 분들이 괜찮은 것은 좋은 것이고, 괜찮지 않은 것은 나쁜 것으로 여기고 있는 듯합니다. 마치 오뚜기처럼 넘어져도 금방금방 일어나서 원래의 '괜찮은 상태'로 돌아가야 한다고 생각합니다. 이것은 '이 정도 일로 힘들어하면 안 된다', '괜찮아야 한다'라는 마음의 규칙이 되기도 합니다. 어쩌면 사연 속 지유 씨도 무척이나 '괜찮지 않을 만한' 일을 겪었음에도, '괜찮지 않은 상태'를 스스로 허락해주지 못한 것일지도 모르겠습니다.

이쯤이면 괜찮아질 때도 됐는데

상담실에서는 연인, 부모, 자녀, 친구와 같은 사랑하는 사람을 상실한 분들을 자주 만나게 됩니다. 이분들께서 저에게

나에게 괜찮냐고 물어본 적이 없었다

참 자주 하시는 말씀이 하나 있습니다.

"선생님, 이쯤 됐으면 괜찮아질 때도 된 것 같은데 전 왜 이렇게 힘들까요. 저는 언제쯤 괜찮아질까요?"

지금 마음이 너무나 고통스럽고 괴롭기에 빨리 회복하고 싶은 것은 당연합니다. 그러나 마음이 회복되는 시간은 사람마다, 상황마다 모두 다릅니다. 똑같이 손가락을 베였더라도 누군가는 금세 피가 멈추지만, 누군가는 30분이 지나도 피가 멈추지 않을 수 있습니다. 또는 지난번 발목이 접질렸을 때는 며칠 만에 괜찮아졌지만, 이번에는 몇 주간 통증이 지속될 수도 있습니다. 마음의 고통도 그 사람의 타고난 기질, 지금 가지고 있는 마음의 체력, 현재 주변 환경 등에 따라 달라질 수밖에 없습니다. 결국 아플 만큼 아파야 괜찮아질 수 있는 것입니다. 그렇기에 "언제쯤 괜찮아질까요?"라는 질문에 대한 저의 대답은 항상 비슷합니다.

"이 말이 조금 야속하게 들릴 수도 있지만, 힘든 일을 겪었다면 힘들 만큼 힘들어야 괜찮아질 수 있어요. 상처가 생겼는데 아프지 않고 지나갈 수는 없는 것처럼 말이죠. 이 정도쯤이면 괜찮아야 한다는 건 없어요."

괜찮지 않은 것을 인정해야 하는 이유

누군가는 힘들더라도 '괜찮아'라고 생각하며 마인드컨트롤을 해야 더 빨리 회복할 수 있다고 말할 수도 있겠습니다. 이 말은 어떤 상황에서는 매우 타당합니다. 여기서 말하는 어떤 상황은 실제 상황의 심각성에 비해 과도하게 긴장하고, 불안감이 높아졌을 때입니다. 가령 과거에 자라를 보고 놀란 적이 있는 사람이 솥뚜껑을 보고 놀랐을 때는 '그래, 지금 이건 자라가 아니라 솥뚜껑이지. 지금은 괜찮을 만한 상황이야'라는 마인드컨트롤이 필요합니다. 이를 통해 현실을 객관적으로 인식할 수 있고, 마음도 진정시킬 수 있기 때문입니다.

그러나 지유 씨처럼 객관적으로 괜찮지 않을 만한 상황에서 '괜찮아'라며 스스로를 세뇌하는 것은 좋지 않습니다. 일시적으로는 마음이 진정되고 당장 좀 더 좋은 퍼포먼스를 내는 데 도움이 될 수 있습니다. 그러나 이것은 마치 상처가 났거나 다쳤는데 그것을 무시하는 것과 같습니다.

상처를 덮어 두면 당장은 눈에 보이지 않으니 괜찮을 수 있으나, 결국 그 상처는 덧나고 더 고통스러워질 수밖에 없습니다. 달리기를 하다가 발목을 접질렸는데 무시하고 뛴다면 당장 몇 미터 정도는 더 뛸 수 있을 겁니다. 하지만 발목의 상태는 점점 더 악화될 것이고 어쩌면 영영 달리기를 못하게 될 수도 있습니다.

일류 운동선수는 괜찮지 않을 때 괜찮다고 하지 않습니다. 이들은 부상을 잘 참기보다는 오히려 부상에 민감합니다. 언제나 본인의 상태를 면밀히 관찰해서 괜찮지 않은 상태를 빠르게 인정하고 스스로 조치를 취합니다. 프로 축구 선수들이 경기 중 부상을 입으면 스스로 손을 들고 코칭 스태프에게 교체를 요청하는 것처럼 말입니다. 필요하다면 몇 달 동안 경기에 출전하지 않고 재활훈련에만 집중하기도 합니다. 그들이 그렇게 하는 이유는 이번 경기가 마지막 경기가 아니기 때문입니다. 당장의 한 경기보다 앞으로의 선수 인생이 더 중요하기 때문입니다.

우리의 삶도 마찬가지입니다. 삶의 여정은 100m 달리기가 아니라 마라톤에 가깝습니다. 그 긴 여정을 지치지 않고 나아가기 위해서는 괜찮지 않을 때 괜찮지 않음을 인정하고, 적절한 조치를 취해 줄 필요가 있습니다.

괜찮지 않음을 허용해주는 것

드라마 〈그 겨울, 바람이 분다〉의 한 장면을 소개하고 싶습니다. 드라마 속 오영(송혜교)은 시각장애로 차갑고 외로운 삶을 사는 인물입니다. 그런 오영이 어린 시절 잃어버렸던 오빠 오수(조인성)를 만나 그녀의 다섯 살 때를 이야기하는 장면입니다.

오영: 사람이 사람에게 해줄 수 있는 건 용서가 아니라 위로야. 내가 처음 뇌종양에 걸렸을 때 내가 바란 것도 위로였어. 그런데 사람들은 오빠 너처럼 위로하지 않았어. 위로는커녕 여섯 살 아이한테 용기를 강요했어, 잔인하게. "괜찮아 영이야. 수

술은 안 무서울 거야. 괜찮아. 넌 이길 수 있어. 항암치료? 그
까짓 거 별거 아니야."

오수: 그러면 사람들이 그런 말 말고 무슨 말을 더 할 수 있겠어.

오영: "안 괜찮아도 돼, 영이야. 안 괜찮아도 돼. 무서워해도 돼. 울
어도 돼." 만약 사람들이 그렇게 말했다면 나는 하루 이틀 울
다가 괜찮아졌을 거야. 그런데 그때 못 울어서 그런가, 지금
도 난 여섯 살 그때만 생각하면 자꾸 눈물이 나.

　힘든 하루하루를 살아가고 있는 자신에게, 힘든 일을 겪은
자신에게 우리가 해줘야 하는 것도 위로입니다. '괜찮다, 이
쯤이면 괜찮아질 때도 됐다, 이 정도는 별일 아니다, 이겨내
야 한다, 남들도 다 이 정도는 힘들다'라는 말로 자신에게 괜
찮음을 강요하지 않았으면 좋겠습니다. 괜찮지 않음을 허용
해 줄 때, 오히려 더 괜찮아질 수 있습니다. 지금 만약 괜찮지
않다면, 스스로에게 "괜찮지 않아도 괜찮아"라고 말해주었으
면 좋겠습니다.

도착점을 알아야
지치지 않는다

여정 씨는 오늘도 공허한 마음을 달래기 위해 퇴근 후 집에서 혼술을 하고 있습니다.

지금까지 여정 씨의 삶은 꽤 순탄했습니다. 어릴 때부터 변호사를 꿈꿔왔던 여정 씨는 그 꿈을 위해 정말 열심히 공부했습니다. 그래서 원하던 대학, 로스쿨을 졸업하고 변호사 시험에도 남들보다 훨씬 빠르게 합격할 수 있었습니다. 변호사 시험 합격 후에는 국내에서 내로라하는 법무법인에 곧바로 취업하게 됩니다. 로스쿨 동기들은 말 그대로 승승장구하고 있는 여정 씨를 무척이나 부러워했습니다. 업무강도가 높아서 스트레스가 있기는 했지만, 여정 씨도 이미 어느 정도는 예상했던 것이기에 일 자체는 할 만하다고 생각하고 있었습니다.

그렇게 지난 1년간 열심히 일했고, 직장 내에서도, 고객들에게도 유능한 변호사로 인정받을 수 있었습니다. 삶은 아무 문제가 없는 것처럼 보였고, 스스로도 그렇게 느끼고 있었습니다.

그런데 몇 달 전부터 여정 씨는 뭔가가 비어 있는 듯한 느낌을 받았습니다. 마음에 구멍이 난 것처럼 허전한 기분이었습니다. 특별히 일이 더 많아졌거나, 일에서 스트레스를 많이 받았던 것도 아니었습니다. 외로워서 그런 건가 싶어서 소개팅을 하고 연애도 시작했지만, 연애에서 오는 만족감과는 별도로 비어 있는 기분은 나아지지 않았습니다. 오히려 마음속 구멍이 점점 커지는 것 같았습니다. 커져 가는 공허함을 견디기 어려워 최근에는 혼자서 술을 먹고 일찍 잠들어 버리는 것이 일상이 되어 버렸습니다. 이러다간 정말 알콜 중독이 될까 걱정스러웠던 여정 씨는 그렇게 상담실을 찾았습니다.

상담실에서 여정 씨에게 술을 마시면서 가장 자주 떠오르는 생각이 있는지 물었습니다. 여정 씨는 잠시 생각에 잠긴 후 답했습니다.

"글쎄요…. 왜 사는지 모르겠다? 뭘 위해 사는지 모르겠다? 이런 생각이 막연하게 떠오르는 거 같아요. 열심히 살고 있는 건 맞는데, 왜 이러고 살고 있는지 모르겠는 느낌이랄까요."

구멍 난 마음의 자리에 채워져 있었던 것

여러분들에게도 물어보고 싶습니다.

"지금 무엇을 위해 살고 있나요?"

바로 대답할 수 있는 분이 있는가 하면, 아무리 생각해도 대답하기 어려운 분들도 있을 것 같습니다. 저는 이 질문을 지금까지 참 많은 사람들에게 해보았습니다. 대부분 쉽게 답하기 어려워하는 이 질문에 가장 분명하고 빠르게 답하는 사람은 놀랍게도 고등학생이었습니다. 많은 고등학생들은 이 질문에 별 망설임 없이 답합니다.

"(좋은) 대학 가려고요."

저도 종종 고등학생 시절이 떠오를 때가 있습니다. 그때의 스케줄은 정말이지 공포스러웠습니다. 아침 7시 30분에 0교시를 시작해서 오후 9시 야간 자율학습까지 마쳐야 하는 무려 14시간짜리 일정을 매일매일, 3년간 소화해야 했습니다. 만약 지금 저에게 이런 스케줄로 일을 하라고 한다면, 몸과 마음 모두가 온전치 못할 것이 분명합니다. 물론 요즘 대부분의 고등학교는 야간자율학습이나 0교시가 없긴 하지만, 그만큼 다른 일정이 그 시간을 채우기에 고등학생의 스케줄이 공포스러운 것은 매한가지입니다.

이토록 공포스러운 스케줄을 3년이나 버텨낸다는 것은 실로 대단한 일입니다. 이렇게 힘든 시간을 사람이 버텨내기 위해서는 두 가지 조건이 필요합니다.

첫 번째 조건은 '사회적 지지'입니다. 함께하는 동료들, 주변의 연대와 지지는 힘든 시간을 버틸 수 있는 원동력이 됩니다. 어쩌면 힘든 고등학교 생활을 버틸 수 있었던 것은 또래 친구들이 있었기 때문일 수도 있습니다.

그리고 두 번째 조건은 '목표 의식'입니다. 수많은 고등학생들이 고통의 시간을 견뎌낼 수 있는 것은 '(좋은) 대학에 진학하는 것'이라는 꽤 분명한 목표 의식이 있기 때문일 것입니다. 목표는 우리 마음이 이토록 힘든 시간을 버텨내게 하는 명분과 희망이 됩니다. 그렇기에 '목표가 없는 삶'은 곧 '희망이 없는 삶'을 뜻합니다.

여정 씨와 여러 이야기들을 나눴습니다. 그리고 여정 씨의 구멍 난 마음에서 빠져나간 것도 바로 삶의 목표, 그리고 희망이라는 것을 알 수 있었습니다. 여정 씨는 '변호사가 되는 것'이라는 삶의 목표를 향해 평생을 달려왔고, 결국 훌륭하게 그 목표를 이루었습니다. 이는 대단한 성공이자 성취이지만, 동시에 여정 씨에게는 삶의 목표가 상실된 것이기도 했습니다. 그리고 꿈꾸던 직장에서 잘 적응하기 위하여 모든 신경과 에너지를 쓰느라, 비어 버린 그 자리에 새로운 삶의 목표를 채워 넣지 못했던 것입니다.

내비게이션에 목적지를 입력해야 하는 이유

목표 없는 삶을 산다는 것은 마치 내비게이션에 목적지를 입력하지 않고 무작정 고속도로에 올라탄 것과 같습니다. 고속도로에 올라타면 앞에서도 옆에서도 차가 달리고 있기 때문에 나도 일단 달릴 수밖에 없습니다. 목적지가 없고, 심지어 신호등도 없으니 중간에 멈출 수도 없고 무작정 달리면서 기름만 소비할 뿐입니다. 목표 없는 삶도 마찬가지입니다. 분명히 나도 남들처럼 열심히 살고는 있는데, 어디로 향하고 있는지 알 수 없기에 공허함을 느끼고 소진감을 느끼게 됩니다.

그리고 운전을 하다 보면 길을 헤매는 경우가 있습니다. 이때도 내비게이션에 목적지가 입력되어 있다면 경로를 재탐색해서 다시 올바른 길을 찾을 수 있습니다. 그러나 목적지가 없다면 길을 잘못 들었다는 사실조차 모르고 지나가 버릴 수 있습니다.

우리 삶에서도 분명 길을 잃고, 어떻게 살아야 할지 가늠할 수 없는 혼란스러운 순간이 오곤 합니다. 이때 목표가 있다면 내비게이션에서 경로를 재탐색하듯 삶의 방향성을 재정립할 수 있습니다. 그러나 목표가 없다면 나는 누구고, 여긴 어디며, 나는 무엇을 하고 있는지, 제대로 살고 있는 것인지조차 모른 채 공허함 속에만 빠져 있게 될 수도 있습니다.

먼 길을 갈수록 내비게이션에 목적지를 입력하는 것은 필수입니다. 삶이라는 마라톤을 지치지 않고 완주해 내기 위해서는 분명히 삶의 목표가 필요합니다.

삶의 목표는 거창하지 않아도 됩니다

그 삶의 목표라는 것이 때로는 구체적이지 않을 수도 있고, 허황될 수도 있으며, 사실은 대단한 것이 아닐 때도 많습니다. 그러나 어두운 동굴 속에서는 바위틈으로 들어오는 작은 빛줄기 하나가 삶의 희망이 됩니다. 동굴 밖의 세상이 꼭 아름다우리라는 법은 없지만, 그 빛 하나만으로도 어두운 동굴에서 탈출하거나 어둠을 버텨낼 힘이 솟는 것입니다. 삶의 목표도 마찬가지입니다. 좋은 대학이 삶의 전부는 아닙니다. 그렇기에 사실은 '좋은 대학'이라는 목표를 '좋은 목표'라고 보기는 어렵습니다. 그러나 그것이 힘든 시간을 버텨나갈 희망이 되는 것은 분명합니다.

즉, 삶의 목표는 그것이 질적으로 좋은 것이 아니더라도 일단 존재하는 것이 중요합니다. 가령 일을 할 때도 아무 삶의 목표가 없는 것보다는 '돈 벌어서 여행 가기', '돈 벌어서 맛있는 거 사 먹기'라는 목표라도 있는 것이 훨씬 좋습니다.

삶의 목표가 꼭 '3달 안에 바디 프로필 찍기', '올해 안에 식스팩 만들기'와 같은 구체적인 목표가 아니어도 괜찮습니다. '건강한 사람 되기'와 같은 다소 막연한 목표도 그것이 나에게 중요한 것이라면 일단 충분합니다. 여행을 갈 때도 대략적인 지역만 정해놓으면, 우선은 출발할 수 있습니다. 그곳에서 어떤 맛집을 가고, 어떤 관광지를 갈지는 가면서 찾아도 되고, 도착해서 찾아도 됩니다. 조금은 폭넓은 장기목표를 가지고 일단 출발한 뒤에 좀 더 구체적인 단기목표, 혹은 계획을 세워가도 괜찮습니다.

또한 삶의 목표는 언제든 폐기하고 다른 목표로 바꾸어도 괜찮습니다. 지금은 나에게 중요하게 여겨지는 것이, 살다 보면 그리 중요하지 않은 것이 될 수도 있기 때문입니다. 한번 세운 목표를 반드시 달성해야만 다음 목표를 세울 수 있다는 생각은 삶을 경직되게 만듭니다. 내비게이션에 부산을 목적지로 찍고 달리다가도 문득 대전이 가보고 싶다면, 그곳으로 새롭게 목적지를 입력하는 유연성과 자율성도 필요합니다.

어느 날 상담실에 들어온 여정 씨가 조금 들뜬 표정으로 말했습니다.

"선생님, 저 새로운 삶의 목표를 찾았어요. 저 봉사하는 삶을 살고 싶어졌어요."

여정 씨와 한 번도 봉사에 대한 이야기는 나눠본 적이 없었기에, 여정 씨의 새로운 삶의 목표는 무척 낯설게 느껴졌습니다.

"갑…자기요?"

"네, 지난 상담 끝날 때쯤에 변호사라는 꿈을 어떻게 갖게 됐는지 물어보셨었잖아요? 그때는 잘 기억이 안 난다고 답했었는데, 집에 가서 곰곰이 생각해 보니까 누군가를 돕고 싶은 마음에서 시작됐던 것 같더라고요. 변호사도 누군가를 돕는 일이긴 하지만, 뭔가 더 직접적으로 돕는다는 느낌이 들면 좋을 것 같아서 봉사를 시작해 보려고요."

이날 상담에서 여정 씨는 앞으로 어떻게 봉사하는 삶을 살아갈 것인지에 대한 여러 이야기들을 들려주었습니다. 지금까지 여정 씨에게서 한 번도 볼 수 없었던 생기 넘치는 표정을 보니 저도 덩달아 기뻐서 그 마음을 전했습니다.

"여정 씨의 구멍 난 마음에 무언가가 새롭게 채워지고 있는 것 같아서 기쁘네요."

유치한 행동이
삶을 생기 있게 만든다

시은 씨는 본인이 일하고 있는 업계에서 '레전드'로 불립니다. 지나치게 보수적이고 학연, 지연이 팽배한 그 업계에서 지방대 출신의 30대 여성 임원은 시은 씨가 최초이기 때문입니다.

졸업과 동시에 평사원으로 취업하여 상무의 자리에 오르기까지 그녀가 보여준 퍼포먼스들은 업계 사람들에게 신화처럼 회자되고 있습니다. 전설이 되기까지 시은 씨는 '노력'이라는 단어가 아까울 정도로, 정말이지 엄청난 피, 땀, 눈물을 그 일에 갈아 넣었습니다.

그 결과 시은 씨는 많은 사람들에게 최고라고 인정받을 수 있었고, 부와 명예도 얻을 수 있었습니다. 그러나 좋은 것만 얻지는 못했습니다. 안타깝게도 시은 씨는 마음의 병도 얻어 버렸습니다. 진단명은 '모발 뽑기 장애'와 '피부 벗기기 장애'였습니다.

시은 씨는 언제부턴가 머리카락을 습관적으로 뽑기 시작했습니다. 처음에는 대수롭지 않게 여겼지만, 정신을 차려 보니 탈모가 진행될 정도로 증상이 심각해져 있었습니다. 그쯤부터는 한쪽 팔을 손톱으로 계속 긁다가 피부가 벗겨져 피가 나고, 상처가 생기기까지 했습니다. 그런 상처가 너무 많아져서 지금은 긴팔 옷만 입어야 하는 지경에 이르렀습니다.

상담실에서 시은 씨의 일상생활을 들어 보았습니다. 역시나 시은 씨의 삶은 오로지 '일'로만 가득 채워져 있었습니다. 사람들과 잘 어울리지도 않고, 별다른 취미생활도 없었습니다. 가끔 찾아오는 휴일에는 평일에 못 잤던 잠을 몰아서 자곤 했습니다.

"사실 저는 사람들이 모여서 막 커피 마시고 수다 떨고 하는 거 보면 좀 한심해 보여요. 뭐랄까. 좀 시답잖다고 해야 하나? 굳이 왜 저런 걸 하나 싶고⋯. 시시해 보여요. 저번에 누가 와인 모임을 추천해 줬는데, 그렇게 모이는 것도 너무 유치해 보여서 안 가고 싶더라고요."

"시은 씨에게 유치하고 시시하지 않게 느껴지는 건 뭐가 있나요?"

"음⋯ 글쎄요. 차라리 일을 하는 게 나은 거 같아요. 책을 좀 읽든가."

나에게 괜찮냐고 물어본 적이 없었다

어른이 될수록 겁이 많아지는 이유

얼마 전에 공원에서 농구를 하다가 농구공이 경기장 밖으로 튕겨 나갔습니다. 공을 주우러 가야 하는데, 농구장을 허벅지 높이의 펜스가 둘러싸고 있었습니다. 예전이었다면 분명 고민 없이 뛰어넘었을 테지만, 이번에는 왠지 겁이 났습니다. 그래서 멀리 있는 입구까지 삥 돌아가서 공을 주워 왔습니다. 그때 느꼈습니다.

'나이가 들수록 겁이 많아진다더니 진짜구나.'

정말 그런 것 같습니다. 어릴 때라면 별다른 망설임 없이 했을 만한 일을 이제는 자꾸만 두려워서 주춤거리고, 조심하게 됩니다. 유치원생 시절에는 아무에게나 말도 잘 걸고, 소위 '인싸'였던 A씨는 지금은 어딜 가나 "낯가림이 심해서…"라고 말할 정도로 관계에 조심스러운 사람이 되었습니다. 어릴 때는 크고 작은 새로운 도전들을 거침없이 했었던 B씨가 지금은 먹고 사는 것에 대한 두려움 때문에 퇴사도, 이직도 결심하지 못하고 있습니다.

어른이 되어 가면서 겁이 많아지는 이유는 두 가지입니다. 먼저 '역할'이 많아지기 때문입니다. 어른이 되면 원하든 원하지 않든 여러 가지 역할이 생겨납니다. 그리고 모든 역할은 어떠한 행동에 대한 책임과 기대로 이어집니다. 저 역시도 '상담심리사', '남편'이라는 역할에서 오는 책임과 기대가 있습니다. 제가 지금 쓰고 있는 이 문장 하나하나를 몇 번이나 지웠다 다시 쓰기를 반복하며 조심스러워하고 있는 이유도 '작가'라는 역할에서 오는 책임과 기대 때문입니다. 만약 작가라는 역할 없이 쓸 수 있는 글, 가령 일기였다면 지금보다 훨씬 대충, 막 쓸 수 있었을 것입니다.

나이가 들면서 두려움이 커지는 두 번째 이유는 '아는 것'이 많아지기 때문입니다. 악어의 포악함을 알지 못하는 아기 때는 악어를 봐도 두렵지 않습니다. 그러나 악어가 사람을 잡아먹는다는 사실을 알게 된 후부터 악어는 공포의 대상이 됩니다. 저도 펜스를 뛰어넘지 못했을 때 어떤 일이 생기는지 어렸을 때는 알지 못했습니다. 그러나 어른이 된 지금은 펜스를 뛰어넘지 못하면 넘어져서 다칠 수도 있다는 것을 알고, 농구장에 있던 다른 사람들에게 비웃음을 살 것이라는 사실도 알고 있습니다. 그래서 더 망설였고, 두려웠던 것입니다.

갑옷을 입고 사는 삶

이러한 조심스러움과 두려움은 결국 나를 지키기 위한 방어로 이어집니다. 어릴 때는 역할도, 아는 것도 별로 없어서 방어가 필요 없습니다. 있는 그대로의 나로 존재해도 괜찮습니다. 그러나 삶을 살아갈수록 역할도, 아는 것도 많아지기에 나를 지키기 위한 갑옷이 필요해집니다. 그리고 이 갑옷은 보통 '~할까 봐 ~하기'의 형태로 나타납니다. '해고당할까 봐 열심히 일하기', '미움받을까 봐 주변 사람 배려하기',

'얕잡아 보일까 봐 능숙한 척하기', '실패하면 비난받을까 봐 아예 안 하기' 등등 어른이 되면서 역할과 아는 것이 늘어남에 따라, 이 갑옷은 점점 다양해지고 두꺼워지기 마련입니다.

어른으로 살기 위해서 갑옷은 필수입니다. 갑옷이 없으면 나의 역할을 충실히 해내지 못할 수 있기 때문입니다. 또한 내가 걱정하는 위협적인 일을 실제로 경험하게 될지도 모릅니다. 이를테면 '해고당할까 봐 열심히 일하기'라는 갑옷이 없다면 직장인이라는 역할을 충실히 해내지 못할 수 있으며, 정말 해고를 당할 수도 있습니다. 시은 씨가 업계에서 레전드가 될 수 있었던 것도 이 갑옷 덕분이었습니다. '다른 사람들보다 뒤처질까 봐 더 열심히 하기', '무시당할까 봐 더 열심히 하기', '부모님 병원비가 모자랄까 봐 더 열심히 하기'와 같은 다양하고 두꺼운 갑옷들이 없었다면 시은 씨는 레전드가 될 수 없었을 것입니다.

가끔은 목 늘어난 짱구 티셔츠

이토록 갑옷이 뛰어난 유용성을 가지고 있음에도 불구하고, 그 갑옷을 항상 입고 있을 수는 없습니다. 갑옷은 무겁기 때문입니다. 갑옷의 성능이 뛰어나면 뛰어날수록 그만큼 더 무겁습니다. 두꺼운 갑옷은 그만큼의 안전성을 담보하지만, 또 그만큼 체력을 빠르게 소진시킵니다. 그렇기에 갑옷은 입고 있는 것만큼이나, 충분히 벗고 있는 시간도 필요합니다.

우리는 어른으로서 나의 삶을 책임지기 위해 매일매일 두 꺼운 갑옷을 입고 있습니다. 갑옷은 아직 어리고 여린 '진짜 나'를 어른스럽고 강하게 보이도록 도와줍니다. 그렇게 갑옷은 험한 세상으로부터 나를 지켜주지만, 동시에 나를 지치게 만들기도 합니다. 그래서 가끔은 갑옷을 벗어 놓고 어리고, 여린 나로 존재하는 시간도 필요합니다.

어리고, 여린 나로 존재한다는 것은 유치해지는 것을 뜻합니다. 유치해지는 것의 치유 효과는 참으로 강력합니다. 가끔 어린 시절의 친구를 만나보면 알 수 있습니다.

중학생 때의 친구를 만나면 마치 중학교 때로 돌아간 것처럼 유치해지곤 합니다. 누구 키가 더 큰지 등을 맞대어 재보기도 하고, 하나도 중요하지 않은 과거 어떤 사건의 사실 여부를 놓고 다투기도 합니다. 그렇게 한참이나 유치한 시간을 보내고 나면 풍성해진 마음을 느낍니다. 사랑하는 사람 앞에서 유치해지고 아기처럼 혀 짧은 소리가 나오는 것도 같은 이치입니다.

그래서 저는 이 책의 독자분들이 때로는 유치하고, 아이 같은 모습으로 지낼 수 있었으면 좋겠습니다. 사람들과 커피를 마시며 연예인 A의 스캔들에 대해 열띤 토론을 하는 것이 시시해 보이더라도, 가끔은 그 자리에 함께해 보았으면 좋겠습니다. '저런 건 애들이나 하는 거지' 하며 멀리했던 스티커 사진도 찍어 보고, 코인노래방도 갔으면 좋겠습니다.

슬플 때 가끔은 아이처럼 펑펑 울어 봤으면 좋겠고, 화가 날 때는 종종 아이처럼 짜증도 내봤으면 좋겠습니다. 아이가 부모에게 그러하듯 사랑하는 사람에게 떼도 써보고, 의지도 해봤으면 좋겠습니다. 이렇게 갑옷을 벗어 놓는 시간을 갖는 것만으로도 훌륭한 재충전이 될 수 있습니다.

다시 한번 말하지만, 드레스나 수트가 아무리 아름답고 멋지더라도 그 옷을 항상 입고 살 수는 없습니다. 가끔은 잠옷도 입고, 트레이닝복도 입고, 목이 다 늘어난 짱구 티셔츠도 입을 필요가 있습니다. 삶이라는 여정에서 덜 지치고 오래가기 위해서는 스스로에게 가끔은 유치해지고 어려지는 시간을 허용해 주시길 바랍니다.

3장

그때그때
유연하게 산다

몸 근육이 단단해지면
마음도 단단해진다

언젠가 한 인터뷰에서 이런 질문을 받은 적이 있습니다.

"지금까지 심리상담 현장에 계시면서 참 다양한 분들을 만나오셨을 거 같은데요. 그중에서 특별히 자주 만나게 되는 직업군이나 반대로 정말 만나보기 어려운 직업군이 있을까요?"

고민해 본 적 없던 질문이라 한번 곰곰이 생각해 보았습니다. 상담실에서는 정말 다양한 직업군의 내담자를 만나왔습니다. 회사원, 공무원, 교사, 자영업자와 같은 우리 주변에서 비교적 흔히 접할 수 있는 직업군부터 큰 기업의 CEO, 크리에이터, 연예인 지망생과 같은 상대적으로 드문 직업군까지. 심지어 '세상에 이런 일도 있구나'라는 걸 처음 알게 될 정도로 기상천외한 직업을 가진 분들도 만나볼 수 있었습니다.

그런데 우리 주변에서는 비교적 흔히 만나볼 수 있는데도 상담실에서는 한 번도 만나본 적이 없는 직업이 있었습니다. 그 직업은 바로 '헬스 트레이너'였습니다.

이 사실을 깨닫고는 무척 흥미로워 주변의 동료 상담 선생님들께도 여쭈어보았습니다. 다른 선생님들도 비슷했습니다. 이상하리만치 헬스 트레이너를 상담실에서 만나는 경우는 매우 드물었다고 했습니다. 대화는 자연스럽게 '왜 그럴까?'로 흘러갔습니다. 여러 이야기가 오가던 중 한 선생님이 농담 반 진담 반으로 던진 한마디에 모두가 고개를 끄덕였습니다.

"혹시 몸에 근육이 많은 사람은, 마음에도 근육이 많은 거 아닐까?"

몸이 마음에게, 마음이 몸에게

우리는 기본적으로 몸과 마음을 별개로 생각하는 경향이 있습니다. 그래서 보통 몸을 건강하게 하기 위한 목적으로 헬스장에 갑니다. 마음의 건강을 생각하며 헬스장을 가는 경우는 드뭅니다.

그렇지만 사실 우리의 몸과 마음은 서로 연결되어 있습니다. 그것도 아주 긴밀하게 서로가 서로에게 영향을 받습니다. 몸이 마음의 영향을 받는다는 것은 그래도 쉽게 동의하는 분들이 많습니다. 몸이 아파서 병원에 갔는데 "스트레스성입니다. 스트레스 안 받게 조심하세요"라는 말을 한 번쯤 들어 보왔기 때문일 것 같습니다. 책을 읽다 보면 지루한 마음이 들고, 그 순간 졸음이 쏟아지면서 눈이 감깁니다. 좋은 사람과 시간을 보내며 마음의 만족감과 행복을 느끼면, 갑자기 온몸을 움직여 가면서 춤을 추기도 합니다. 이처럼 몸이 마음의 영향을 받는다는 것은 비교적 쉽게 이해할 수 있습니다.

그러나 반대로 마음이 몸의 영향을 받는다는 것은 상대적으로 낯설게 느끼는 것 같습니다. 사실 우리는 삶에서 이미 그것을 분명하게 경험하고 있습니다. 마사지를 받으면 몸만 풀리는 게 아니라, 기분도 편안해집니다. 생리통을 겪을 때는 신경이 날카로워지고, 짜증스러운 마음이 듭니다. 어깨를 잔뜩 움츠리면 마음도 위축되지만, 어깨를 쫙 펴고 원더우먼 같은 자세를 취하면 어딘가 모르게 당당해지고 자신감이 생깁니다. 기분이 좋아서 웃기도 하지만, 웃다 보면 기분이 좋아지기도 합니다. 이처럼 마음이 몸에 영향을 미치는 것만큼이나, 몸도 마음에 큰 영향을 미칩니다.

'몸은 마음을 담는 그릇이다'라는 말이 있습니다. 몸과 마음의 관계를 떠올릴 때 그릇에 담긴 물을 상상해 보면 좋겠습니다. 그릇에 금이 가거나 깨지면 안에 담긴 물은 당연히 쏟아질 수밖에 없습니다. 그러나 반대로 물이 너무 뜨겁거나 차가우면, 그릇에 금이 가고 깨질 수도 있습니다. 이때 그릇이 열이나 충격에 강한 재질이라면 그릇이라는 껍데기도, 안에 담긴 물도 지킬 수 있습니다. 그러나 그릇이 일회용처럼 약한 재질이라면, 그릇도 물도 지킬 수 없습니다.

우리의 몸과 마음도 마찬가지입니다. 몸이 힘들면 마음도 힘들어집니다. 반대로 마음이 힘들어지면 몸도 힘들어집니다. 다만, 이때 몸이 튼튼하다면 마음의 괴로움을 조금은 더 잘 버틸 수 있게 해줄 것입니다. 만약 몸이 너무 허약하다면 마음속에서 부는 작은 바람도 태풍처럼 큰 위협으로 느낄 수 있습니다.

항우울제 vs 운동

신경생물학적 관점에서 보았을 때, 우리의 마음이 위치한 곳은 바로 '뇌'입니다. 마음을 치료할 때 사용하는 항우울제를 비롯한 약물치료도 사실은 뇌와 관련이 있습니다. 약물치료는 뇌의 신경전달물질 조절을 통해 우리의 마음을 건강하게 만드는 것입니다. 이처럼 마음이 건강해진다는 것은 곧 뇌가 건강해진다는 것을 의미합니다.

운동은 몸을 건강하게 만들어 줍니다. 그리고 이 몸에는 뇌도 포함되어 있습니다. 즉, 운동은 뇌를 건강하게 만들고, 이는 곧 마음을 건강하게 만든다는 것을 뜻합니다. 지금까지 수많은 뇌 과학자들은 운동이 뇌 건강과 마음의 건강에 매우 긍정적인 영향을 미친다는 것을 입증해 왔습니다. 그중 일부 연구에서는 운동이 항우울제보다 우울증 감소에 더 탁월한 효과가 있는 것으로 확인되기도 했습니다.

우리 뇌에는 뇌신경영양인자^{BDNF, brain-derived neurotrophic factor}라는 요소가 있습니다. 이 BDNF는 우리 뇌에 새로운 뇌세포가 생산될 수 있도록 도와주고 기존의 뇌세포를 보호해 주는 기능까지 하는 슈퍼단백질입니다. 그래서 BDNF가 많을수록 더 빨리 배우고, 기억을 잘하게 될 뿐 아니라, 스트레스로 인한 부정적 영향도 감소합니다. 실제로 우울증을 겪고 있는 사람들은 그렇지 않은 사람보다 BDNF 수치가 낮은 것으로 알려져 있습니다.

이처럼 매력적인 BDNF를 누구나 높이고 싶겠지만, 아직까지 약물 치료나 주사처럼 외부적으로 투입할 수 있는 방법은 개발되지 않았습니다. 현재 사람이 자체적으로 BDNF를 증가시킬 수 있는 방법으로 알려진 것은 바로 운동입니다. 특히 무산소 운동보다는 유산소 운동이, 장시간 저강도 운동보다는 단시간 고강도 운동이 BDNF 증가에 더욱 효과적입니다.

운동이 수단이 아닌 목적이 되었을 때

단시간 고강도의 유산소 운동이 우리의 몸과 뇌, 나아가 마음까지 좋아지게 하는 것은 분명합니다. 그러나 운동의 형태보다 더 중요한 것은 운동을 생활화하는 것입니다. 어쩌면 헬스 트레이너를 상담실에서 만나보기 어려웠던 이유도 그들이야말로 운동이 생활화된 분들이기 때문일 것입니다.

'운동의 생활화'라는 것이 헬스 트레이너처럼 이미 운동 습관이 생긴 분들에게는 쉬운 일이겠지만, 어떤 분들에게는 이것이 대단히 어렵게 느껴질 수 있습니다. 운동 자체에 대한 거부감이 있는 분들도 있습니다. 특히 마음이 정말 힘들 때는 운동을 한다는 것이 무척이나 부담스럽게 느껴지기 마련입니다.

그럴 때는 '운동 습관을 만든다'보다는 우선 '몸을 쓰는 습관을 만든다'라고 생각하는 것이 좋습니다. 많은 분들이 운동이라고 하면 당장 헬스장이나 필라테스샵에 등록하는 것부터 떠올립니다. 그러면 어떤 헬스장을 갈지, 운동복은 뭘 입을지, 개인 트레이닝을 받을지 말지 등등의 부차적인 생각이 따라붙어 행동으로 옮기기 어려워집니다.

헬스장 등록보다 일상 속에서 단순히 몸을 더 많이 움직여 보려고 하는 것이 우선입니다. 아주 사소한 것부터 시작해야 합니다. 제가 깊은 우울감을 호소하시는 분들과 상담을 할 때 가장 먼저 내어드리는 과제가 하나 있습니다. 바로 '아침에 일어났을 때 기지개 켜기'입니다. 매일 아침 기지개를 켜는 일에 어느 정도 익숙해지면, 이불 개기, 방 청소하기와 같은 과제로 이어집니다. 이처럼 아주 작은 행동들부터 시작하여 몸을 쓰는 것 자체에 대한 습관을 길러야 합니다.

몸을 쓰는 것이 어느 정도 습관이 되었다면, 이제 운동을 시작해 봐도 좋습니다. 이때 중요한 것은 다른 목적을 위한 수단으로서의 운동이 아닌, 운동 자체가 목적이 될 수 있어야 합니다. 예를 들어 다이어트를 하기 위해서 헬스를 한다면 그것은 운동이 다이어트의 수단이 되는 것입니다. 반면 그냥 헬스를 하고 싶어서 한다면 그것은 운동 자체가 목적이 되는 것입니다.

운동 자체가 목적이 되기 위해서는 '좋아 보이는 운동'보다 '재밌는 운동'을 찾는 것이 중요합니다. 헬스, 걷기, 달리기, 줄넘기, 등산, 자전거, 복싱, 서핑 등 다양한 운동을 시도해 보고, '내일도 해보고 싶다'라는 마음이 드는 운동을 찾아보시기 바랍니다. 필요한 운동보다는 흥미로운 운동을 할 때 그것이 좀 더 생활에 잘 녹아들 수 있습니다.

저는 농구를 합니다. 일주일에 2~3일 새벽 6시에 2시간 동안 농구를 하고, 하루는 밤 9시부터 12시까지 농구 레슨을 받습니다. 상당히 고단한 일정이기도 하지만, 매주 이 시간이 너무나 기다려지고 즐겁습니다.

물론 농구를 하면서 살도 빠지면 좋겠다는 생각은 있지만, 그건 그렇게 중요하지 않습니다. 그냥 농구를 더 재밌게 잘 즐기고 싶을 뿐입니다. 그러다 보니 농구 영상도 많이 찾아보고, 농구 경기도 자주 관람합니다. 쇼핑을 가면 농구화 코너를 한 번씩 구경하기도 합니다. 농구라는 운동이 다른 목적(예: 다이어트)을 위한 수단이 아니라, 그 자체로 목적이 된 것입니다. 그렇게 농구는 제 삶에 녹아들어 저의 몸과 뇌, 그리고 마음을 더욱 건강하게 만들어 주고 있습니다.

대단하고 거창한 운동이 아니어도 괜찮습니다. 노래를 들으며 혼자 가볍게 산책하는 것이 즐겁다면 걷기를, 타인과 함께 웃고 땀 흘리는 것이 즐겁다면 배드민턴을 시작해도 좋겠습니다. 즐겁게, 내가 원하는 대로 몸을 움직이다 보면 어느새 몸의 근력도, 마음의 근력도 더 단단해져 있을 겁니다.

나에게 괜찮냐고 물어본 적이 없었다

때로는 적극적으로
징징거리자

　유진 씨는 상담실 문을 열고 들어오며 저에게 "안녕하세요 선생님~"이라는 인사를 상냥하게 건네고 자리에 앉았습니다. 그리고는 "선생님, 유튜브에서 많이 봤는데 여기서 실물로 뵈니까 뭔가 신기하네요"라고 말하며 생글생글 웃어 보였습니다.

　상담실에 처음 오시는 분들은 보통 낯선 공간과 환경에 어색해하기 마련인데, 이렇게 상냥하게 말을 건네는 유진 씨를 보며 '참 서글서글하다'는 느낌을 받았습니다. 이런 서글서글함 때문인지 유진 씨는 주변에 항상 사람이 많은 소위 '인싸'였습니다. 그런데 그런 유진 씨가 상담실을 찾은 이유는 뜻밖에도 '외로움'이었습니다.

　"저는 주변에 사람도 많고 그 사람들이랑 두루두루 잘 지

내거든요. 딱히 안 좋은 사이도 없고요. 꽤 오래 만난 남자친구와도 가끔 싸우기는 하지만, 그래도 잘 지내는 편이에요. 그런데도 저는 자꾸 외롭다고 느껴요. 밑 빠진 독에 물 붓는 것 같은 느낌이랄까요. 분명히 곁에 사람은 있는데 계속 외로우니까…. 제가 욕심이 많은 건가 싶기도 하고 그래요."

유진 씨가 느끼고 있는 외로움이 궁금했습니다. 그래서 유진 씨가 가지고 있는 크고 작은 고민과 요즘 삶에서 느끼는 스트레스에 대해서 이야기를 나누었습니다. 그 이야기의 끝에 주고받은 짧은 몇 마디에서 유진 씨가 느끼는 외로움의 실마리를 찾을 수 있었습니다.

"이런 힘든 얘기, 고민 얘기는 주로 어디서 하세요?"

"여기서 처음 해 봐요. 사람들은 아마 제가 이런 고민을 하고 있는지도 아예 모를 거예요. 제가 티를 전혀 안 내거든요."

"그럼 힘들 때는 어떻게 하세요?"

"고민하다가 제가 알아서 해결하던가, 해결할 수 없는 거면 그냥 일단 자 버리는 거 같아요."

기대지 못하는 사람

유진 씨처럼 누군가에게 기대지 않는, 혹은 기대지 못하는 분들이 있습니다. 이분들에게는 두 가지 특징이 있습니다.

첫 번째 특징은 누군가에게 도움을 요청하거나 부탁하지 않는다는 것입니다. 물리적으로 의지하지 않습니다. 조금만 도움을 받으면 금방 끝낼 수 있는 일이더라도 어떻게든 혼자서 해내려고 합니다. 그것이 비록 비효율적이고, 돌아가는 길이더라도 그 길을 선택합니다.

이는 삶의 여러 영역에서 크고 작게 나타납니다. 직장에서는 과도한 업무를 떠맡기 일쑤입니다. 사람이 꽉 찬 엘리베이터에서 층수 버튼을 누르지 못했을 때, 버튼 근처에 있는 사람에게 "8층 좀 눌러 주세요"라는 부탁을 하지 못하기도 합니다. 그래서 굳이 꼭대기 층까지 올라갔다가 내려와야 하는 수고스러움을 감수합니다.

두 번째 특징은 다른 사람에게 내 감정을 잘 표현하지 않고, 정서적으로 의지하지 않는다는 점입니다. 그나마 긍정적인 감정은 어느 정도 표현하지만, 부정적인 감정은 특히 더 표현하지 못합니다. 직장에서 동료들과 시시콜콜한 이야기는 잘 나누지만, 요즘 내가 무엇이 힘들고 어떤 고민이 있는지는 말하지 않습니다.

아주 가까운 관계에서도 다르지 않습니다. 애인에게 사랑의 감정은 잘 표현하지만, 서운함이나 화는 잘 표현하지 않습니다. 부모님에게 앞으로 승진할지도 모른다는 기대감은 표현하지만, 퇴사를 고민하고 있을 정도로 힘들고 괴로운 상태라는 것은 말하지 않습니다. 아파도 누군가에게 말하지 않고 혼자 끙끙 앓는 일이 다반사입니다.

의지하는 것이 어려운 이유

원래부터 못 기대는 사람은 없습니다. 오히려 우리 모두는 원래 '기대는 사람'이었습니다. 모든 사람은 누군가에게 의지할 수밖에 없는 존재로 태어나기 때문입니다. 스스로 밥조차 먹을 수 없는 연약한 존재로 태어난 우리가 누군가에게 의지하는 것은 자연스러운 일이었습니다. 그럼에도 불구하고 지금 누군가에게 기대지 못한다면, 그것은 그럴만한 후천적인 이유가 분명히 있었기 때문입니다.

대표적으로 어린 시절에 부모님께 물리적, 정서적으로 의지할 수 없었던 양육 환경이 원인이었을 수 있습니다. 부모님이 아이와 충분한 시간을 보내주지 못하였거나, 아이와 안전한 애착 관계를 맺지 못했을 수 있습니다. 혹은 아이가 뭔가를 요구해도 냉담하게 반응하거나 아이의 요구를 묵살했을 때, 아이는 '의지해 봤자 소용없다'라는 무기력한 신념을 갖게 됩니다.

가장 안 좋은 것은 부모님으로부터 방치나 학대를 경험하였을 경우입니다. 그런 경험을 한 아이에게 타인은 의지의 대상이 아니라 공포의 대상이 될 뿐입니다. 꼭 가족 관계에서가 아니더라도, 지금까지의 친구, 연인 등의 대인관계 경험 속에서 믿고 의지했다가 크게 상처를 받았을지도 모릅니다. 이런 경험이 쌓이면 누군가에게 기대는 것을 마치 폭탄을 떠맡는 일처럼 느끼게 될 수 있습니다. 누군가를 믿고 의지했다가는 언제든 큰 상처를 받을지도 모른다는 두려움이 생기는 것입니다.

그 결과 누군가를 믿고, 누군가에게 기대는 행위에 대한 여러 가지 부정적인 마음의 규칙이 생겨납니다. '내가 기댈 수 있는 사람은 없다', '누군가에게 기대 봤자 달라질 것은 없다', '누군가에게 의지한다는 것은 나쁜 것이다', '누군가에게 기대는 것은 곧 내가 약한 사람임을 뜻한다', '기대는 것은 징징거리는 것이다'와 같은 마음의 규칙들이 우리를 억지로 홀로 서게 만듭니다.

괜찮은 관계와 깊은 관계

누군가에게 의지하지 못하는 것은 생각보다 심각한 문제가 될 수 있습니다. 왜냐하면 타인과 깊은 관계를 맺고자 하는 마음은 인간의 기본적인 욕구인데, 깊은 관계를 맺기 위한 필수요소 중 하나가 타인에게 의지하는 것이기 때문입니다. 깊은 관계를 위해서는 내가 상대방에게 적당히 의지할 수 있어야 하고, 타인도 나에게 적당히 의지하는 것을 허용하는 태도가 필요합니다.

사실 누군가와 도움을 주고받지 않아도 적당히 괜찮은 관계는 맺을 수 있습니다. 주지도 받지도 않는 관계가 가장 깔끔하기 마련입니다. 그러나 진정 깊은 관계는 깔끔하지 않은 경우가 많습니다.

사랑하는 연인과의 관계는 더할 나위 없이 좋다가도 가끔은 눈물 나게 서운하고, 보기도 싫을 정도로 밉기도 합니다. 감정적으로 깊게 얽혀 있기 때문입니다. 연인이 아닌 가족, 친구 등의 관계에서도 마찬가지입니다. 깊은 관계는 좋은 감정만 주고받는 사이가 아니라, 서로가 서로에게 힘든 감정도 털어놓으며 함께 울고 웃는 사이입니다. 서로가 각자 우뚝 솟아 있는 사이가 아니라, 서로 적당히 기대어 영향을 주고받는 사이입니다.

유진 씨가 관계에서 느끼는 외로움의 원인도 이것이었습니다. 누군가가 유진 씨에게 기대면 잘 받아주었으나, 정작 유진 씨 자신은 누구에게도 기대지 않았습니다. 그 결과 좋은 관계는 많이 맺을 수 있었으나, 깊이 있는 관계를 맺을 수 없었습니다. 피상적인 관계에서 느껴지는 공허함과 허무함, 그리고 깊은 관계의 부재에서 오는 외로움이 유진 씨를 괴롭게 만드는 것이었습니다.

무거운 삶에 짓눌리지 않기 위해서

누군가에게 의지하는 모습을 '징징거리는 것'으로 여겼던 유진 씨는 '징징거리기 연습'을 해보기로 했습니다.

그 첫 번째 연습 대상은 남자친구였습니다. 처음에는 하루에 한 번씩 "~해 줘"라는 말을 해보기로 했습니다. 첫날에는 카페에서 남자친구에게 "티슈 좀 가져다 줘"라고 말했고, 다

나에게 괜찮냐고 물어본 적이 없었다

음 날은 늦게까지 야근하고 집에 돌아갈 때 "나 좀 데리러 와 줘"라고 말해 보았습니다.

이렇게 물리적인 의지를 연습하다가, 나중에는 정서적인 의지를 연습해 보기 시작했습니다. "속상해", "서운해"처럼 단순히 감정을 표현하는 말에서 시작해서 "요즘 이런 고민이 있어"처럼 속내를 구체적으로 털어놓는 말까지 해보았습니다. 이 과정에서 유진 씨는 '왠지 이러면 안 될 것 같다'며 불안감을 토로하기도 했지만, 그런 마음도 상담실에서 공유하며 연습을 이어 나갔습니다. 그러던 어느 날, 유진 씨는 남자친구에게 이런 말을 듣게 됩니다.

"물론 예전에도 잘 지냈던 건 맞지만, 요즘 들어 우리가 좀 더 가까워지고 서로에게 중요한 사이가 된 것 같아. 예전에는 네가 나에게 필요한 사람이었던 것 같은데, 이제는 나도 너에게 필요한 사람이 된 것 같아서 좋아."

이렇게 유진 씨와 남자친구의 관계는 조금 더 깊어질 수 있었습니다.

'기쁨은 나누면 두 배가 되고, 슬픔은 나누면 절반이 된다'라는 익숙한 말이 있습니다. 저는 이 말을 뒤집어서도 생각해 보았으면 합니다.

'기쁨을 나누지 않으면 절반이 되고, 슬픔을 나누지 않으면 두 배가 된다.'

모든 감정은 누군가와 나누면 우리에게 더욱 이로운 방향으로 조절됩니다. 그리고 나누기 위해서는 반드시 서로가 기대어야 합니다. 이따금 삶이 무겁게 나를 짓누를 때가 있습니다. 그럴 때일수록 우리는 누군가에게 열심히, 적극적으로 의지할 필요가 있습니다. 땅에 발이 닿지 않으면 무거운 것을 들어올릴 수 없는 법입니다.

고통이 클수록
면역력 또한 커진다

"선생님, 왜 자꾸 저에게만 이런 일들이 생기는 걸까요?"

호정 씨의 질문은 사실 질문이라기보다는 절망에 가깝게 느껴졌습니다.

"그 말씀에서 절망감이 느껴지네요."

"맞아요. 진짜 이제 좀 괜찮아지려나… 싶으면 또 무슨 일이 터져 버리고, 겨우 마음 다잡고 열심히 해보려고 하면 또 괴로운 일이 생겨 버려요. 계속 이러니까 허무하고, 말씀하신 대로 절망스러운 것 같아요."

호정 씨로서는 충분히 할 만한 말이었습니다. 몇 년간 깊은 우울감에 빠져 있던 호정 씨는 겨우 마음을 다잡고 작은 레스토랑에 취업했습니다. 그러나 취업한 지 2개월도 되지 않았을 때, 코로나 사태로 레스토랑이 문을 닫게 됩니다. 어렵게 용기 내었는데 그런 일이 생기자 호정 씨는 다시 좌절했고, 우울했고, 무기력해졌습니다. 몇 달의 시간을 괴로워하고 나서야 다시 움직일 마음을 먹을 수 있었습니다. 그러나 하필 그 시점에 뜻밖의 사고로 아버지가 돌아가시고 맙니다. 깊은 상실감은 호정 씨를 다시 한번 주저앉게 만들었습니다.

그렇게 무력한 시간을 보내던 어느 날, 멍하니 침대에 누워 있는데 어디선가 '똑똑' 하는 소리가 들렸습니다. 소리가 나는 곳을 살펴보니 천장에서 물이 새고 있었습니다. 이젠 하다 못해 물까지 새다니. 어이가 없어서 웃음이 나올 지경이었습니다. 마치 온 세상이 자신을 괴롭히는 것만 같았습니다.

이쯤 되면 누군가가 나를 이 세상에 가둬놓고, 어떻게 하면 내가 더 고통스러워할지를 연구하고 있는 게 분명하다는 생각이 들었습니다.

온 세상이 나를 괴롭히는 것 같을 때

살다 보면 가끔은 숨을 쉬는 것조차 고통스럽게 느껴질 때가 있습니다. 어쩌면 이렇게 불행한 일만 계속 생기고, 행운은 나를 비웃기라도 하듯 비켜만 가는지 모르겠습니다. 그럴 때면 호정 씨처럼 온 세상이 협력하여 나를 불행하게 만들고 있는 것만 같고, 내 모든 삶에 오로지 고통만 가득한 듯이 느껴지기도 합니다. 도대체 어떻게 해야 이 고통에서 벗어날 수 있을지 방법을 알고 싶지만, 도저히 알 수 없습니다.

나에게 괜찮냐고 물어본 적이 없었다

저도 그럴 때가 있었습니다. '어떤 절대적 존재가 나를 일부러 괴롭히는 게 아닐까?'라는 생각이 들 정도로 고통스러운 일들이 매일같이 반복되었습니다. 긍정적으로 생각하라는 주변의 말은 사치스럽게 느껴졌고, 무책임하게 들렸습니다. 누군가가 나타나서 나의 고통을 없애 주거나, 혹은 없앨 수 있는 방법을 알려 줬으면 좋겠다는 생각뿐이었습니다. 그러나 그 시간의 끝에서 저는 당연하지만, 조금은 잔인한 진실을 깨달을 수 있었습니다.

고통스러운 시간을 고통스럽지 않게 만들 방법 같은 것은 이 세상에 없다는 것입니다. 우리는 고통을 '제거'할 수 없습니다. 다만 고통을 '경감'시킬 수는 있습니다. 이를 위해서 가장 중요한 것은 고통을 대하는 마음가짐입니다. 고통스러운 시간을 조금이라도 덜 고통스럽게 보내기 위한 마음가짐에 대해 이야기해 보려 합니다.

고통과의 불편한 동행

미국의 정신과 의사이자 베스트셀러 작가인 모건 스콧 펙 Morgan Scott Peck 의 명서 《아직도 가야 할 길》은 '삶은 고해(苦海: 고통의 바다)'라는 말로 시작됩니다. 저는 슬프지만 이 말에 동의합니다. 끝없이 펼쳐진 바다처럼 우리 삶도 고통의 연속이라고 생각합니다. 물론 피할 수 있는 고통도 있습니다. 그러나 살아간다는 이유만으로 피할 수 없는, 크고 작은 고통을 계속 마주해야 하는 것 역시도 분명한 사실입니다.

지금의 저만 봐도 그렇습니다. 지금 저는 그냥 누워서 쉬고 싶은 마음을 누르고, 글을 써야 하는 이 순간이 매우 고통스럽게 느껴집니다. 그러나 제가 글을 쓰지 않고 누워서 쉰다고 해서 고통이 없는 것도 아닙니다. 내가 해야 할 일을 미루고 있다는 생각에 또 다른 종류의 괴로움을 느낄 것입니다.

이른 아침에 무거운 몸을 침대에서 일으켜야 하는 것도, 만원 지하철에 몸을 욱여넣어야 하는 것도 고통입니다. 회사에서 커피를 수혈하며 졸음을 참고 있는 것도, 상사의 눈치를 살펴야 하는 것도 괴롭습니다. 이렇게 우리 삶은 언제나 고통으로 가득 차 있습니다.

고통 없는 삶을 꿈꾸는 분들이 있습니다. '행복하길 바라는 건 아니다, 그저 고통스러운 일이 생기지만 않았으면 좋겠다'며 마치 소박한 바람처럼 말하곤 합니다. 사실 그 바람은 전혀 소박하지 않습니다. 물론 행복해지는 것도 쉬운 일은 아니지만, 어려울지언정 가능한 일이기는 합니다. 그러나 고통스럽지 않은 것은 불가능합니다.

'고통을 당연한 삶의 일부로 받아들일 것.' 고통스러운 시간을 조금이라도 덜 고통스럽게 견디기 위해 필요한 첫 번째 마음가짐입니다. 그래야 괴로움에 주저앉지 않고, 조금은 담담하게 그 시간을 견뎌낼 수 있습니다. 고통은 마치 직장인의 '출근 시간'과 같습니다. 너무 괴롭지만 매일매일 반드시 마주할 수밖에 없습니다. 우리가 눈물이 나고, 욕이 나올지언정 매일 아침 주저앉지 않고 출근을 할 수 있는 이유도 그것을 당연한 내 삶의 일부로 받아들이고 있기 때문입니다.

고통이 내 삶을 찾아왔을 때, 그 고통을 이런 말과 함께 맞이해 주었으면 좋겠습니다.

'또 왔니. 그만 좀 왔으면 좋겠는데 또 왔구나. 이번엔 조금만 놀다 가길 바란다.'

고통이 우리에게 주는 선물

삶에서 고통을 피할 수 없다면, 가장 이상적인 것은 그 정도 고통쯤은 아무렇지 않을 정도로 강인한 상태가 되는 것입니다. 어떻게 하면 고통을 잘 견뎌낼 수 있는 몸과 마음을 만들 수 있을까요? 그 방법은 아이러니하게도 고통을 많이 겪어보는 것입니다. 어쩌면 '산전수전을 다 겪어본 사람'에게서 풍겨 나오는 평온함과 강인함도 그런 이유에서일 수 있겠습니다.

우리는 사실 무언가를 강하게 만들기 위해 고통이 필요하다는 것을 이미 알고 있습니다. 쇠를 단단하게 만들기 위해서는 뜨거운 불에 가열했던 쇠를 차가운 물에 담금질하고 망치로 두드려야 합니다. 그런 고통을 겪어야 쇠는 더욱 단단해질 수 있습니다. 예방접종도 비슷한 원리입니다. 예방접종은 우리 몸에 약이 아니라 병원균을 주사합니다. 그러면 우리 몸은 그 병원균을 제거할 수 있는 대항군, 즉 항체를 만들어 내고, 그 항체가 이후에도 우리를 비슷한 질병으로부터 지켜줍니다. 고통을 통해 이후의 더 큰 고통을 예방할 수 있는 강한 몸을 만드는 것입니다.

태어나서 처음으로 헬스장이라는 곳에 갔을 때, 친구에게 저는 "대체 왜 이런 사서 고생을 하는 거야?"라고 물었습니다. 생각해 보면 정말 그렇습니다. 헬스라는 운동은 일부러 우리 몸에 고통을 주는 과정이기도 합니다. 런닝머신에 올라가 다리와 폐에 고통을 주고, 웨이트 트레이닝을 하면서 온몸 구석구석의 근육들에 고통을 선사합니다.

이런 사서 고생을 수많은 사람들이 굳이 하는 이유는 그 고통의 결과가 무엇인지 알고 있기 때문입니다. 폐에 고통을 준 만큼 폐활량이 늘어나고, 근육에 고통을 준 만큼 근육량이 늘어납니다. 근육통 없이 만들어지는 근육은 없습니다. 그래서 연예인 김종국 씨는 헬스장에서 무거운 기구를 들어 올리면서 "맛있다!"를 외치는 것 같습니다. 무겁고 고통스럽지만, 그 고통이 곧 더 단단한 근육을 만들어 줄 것이라는 사실을 알고 있기 때문입니다.

우리가 삶에서 피할 수 없는 고통을 견뎌내야 할 때 필요한 마음가짐도 비슷합니다. 그 고통의 시간은 분명 괴롭고, 또 괴로울 것입니다. 그러나 그 시간을 견뎌냄으로써, 나의 몸과 마음이 더 강인해지는 것도 분명한 사실입니다.

나에게 괜찮냐고 물어본 적이 없었다

내 삶에 또다시 고통이 찾아왔을 때 스스로에게 '나는 지금 더 강해지고 있다, 나는 내 몸과 마음에 고통 항체를 만들고 있다'라고 말해 주면 좋겠습니다. "맛있다!"라고 외치며 힘을 내는 것처럼, 강해지고 있다는 마음가짐이 고통의 시간을 좀 더 잘 견딜 수 있도록 도와줄 것입니다.

용기가 생길 때까지
기다리지 마라

　라희 씨는 외롭습니다. 사람들은 모두 주말이 되기만을 기다리지만, 라희 씨는 주말이 싫습니다. 그나마 일이라도 하고 있으면 외로움을 잊을 수 있지만, 주말에 집 안에 혼자 있노라면 비어 있는 시간과 공간, 비어 있는 마음이 더 크게 느껴지기 때문입니다. 어떤 날은 너무나도 외로워서, 그 외로움에 사무쳐 아린 가슴을 부여잡고 울다 잠들기도 합니다.

　라희 씨에게 친구가 없는 것은 아닙니다. 그러나 친구들을 만나도 외로움은 채워지지 않았습니다. 라희 씨는 이 외로움을 채우기 위해서는 연애가 필요하다는 것을 직감적으로 알 수 있었습니다. 주변 친구들도 그런 라희 씨에게 소개팅을 권했습니다. 하지만 아이러니하게도, 라희 씨는 친구가 주선해 준 소개팅을 항상 거절해왔습니다.

나에게 괜찮냐고 물어본 적이 없었다

가끔 라희 씨에게 관심을 가지고 다가오는 이성들도 있었지만, 라희 씨는 소위 말하는 '철벽'을 쳤습니다. 물론 상대가 마음에 들지 않았던 경우도 있었지만, 마음에 들고 관심이 있어도 6년 동안 단 한 번도 마음을 열지 않았습니다. 연애가 두려웠기 때문입니다. 6년 전 마지막 연애에서 겪은 이별, 정말 믿었던 사람에게 그토록 끔찍한 방식으로 이별을 통보받아야 했던 그 경험이 라희 씨에게 엄청난 공포가 되어 버렸던 것입니다.

'또 그런 끔찍한 일을 당하게 될 거야.'

그 이후로는 누군가에게 호감이 생길 때면, 그 호감보다 더 큰 공포감이 라희 씨를 집어삼켰습니다. 그 공포가 라희 씨로 하여금 연애를 선택할 수 없게 하였습니다. 그렇게 그녀는 점점 더 외롭고, 괴로워졌습니다. 이대로 살자니 외롭고 괴로운데, 연애는 무섭고 두려웠습니다. 말 그대로 딜레마에 빠진 라희 씨는 '연애에 대한 두려움을 극복하고 싶어요'라고 말하며 상담실의 문을 두드렸습니다.

솥뚜껑이 두려운 건 자라를 보고 놀랐기 때문이다

우리에게 두려움은 참 익숙한 감정입니다. 두려움이 없는 사람은 없습니다. 종종 정말 겁 없어 보이는 사람도 있지만, 그는 그저 두려움을 잘 극복하는 사람일 뿐입니다. 어떻게 하면 두려움을 잘 극복할 수 있을까요? 우선 두려움이라는 감정에 대해 조금은 이해하고 시작할 필요가 있겠습니다.

두려움의 대상은 다양합니다. 놀이기구, 비행기, 뾰족한 것, 높은 곳, 물, 오이, 사람처럼 눈에 보이는 것들을 두려워하기도 하고, 미움받는 것, 실패하는 것, 주목받는 것처럼 눈에 보이지 않는 대상을 두려워하기도 합니다. 사실상 세상 모든 것에 두려움을 느낄 수 있습니다.

그런데 우리가 착각하는 것이 하나 있습니다. 우리가 그 대상 자체를 두려워하고 있다는 착각입니다. 사실 모든 두려움은 대상을 바라보는 우리의 마음이 만듭니다. 두려움의 대상이 나에게 줄 것이라 '예상'되는 신체적인 고통이나 심리적인 고통(혹은 둘 다)을 두려워하는 것입니다.

놀이기구를 두려워하는 것은 혹시나 잘못되어서 다치거나 죽을지도 모른다는 신체적 고통에 대한 예상에서 기인합니다. 미움받는 두려움은 누군가에게 미움받았을 때 느낄 것이라고 예상되는 우울감, 소외감, 죄책감과 같은 심리적 고통에서 기인합니다. 라희 씨의 연애를 향한 두려움도 지난번 연애에서 느꼈던 배신감, 충격, 좌절감과 같은 심리적인 고통을 또다시 느끼게 될까 봐 생긴 감정입니다.

인간의 본능적인, 선천적인 두려움도 있지만, 상당수의 두려움은 학습과 경험을 통해 후천적으로 생겨납니다. 자라의 등껍질에 안 좋은 기억이 있는 사람이 솥뚜껑을 보고 놀라는 것처럼 말입니다. 사람을 무서워하는 누군가가 있다면 사람으로부터 상처받은 경험이 있는 것이며, 주목받는 것을 두려워하는 사람이 있다면 과거에 누군가로부터 주목받았을 때 불쾌한 경험을 했던 기억이 있는 것입니다.

이에 따르면 아이들이 어른보다 비교적 겁이 없는 이유도 설명할 수 있습니다. 어린아이는 경험과 기억의 양 자체가 상대적으로 적습니다. 아직 학습된 두려움이 많지 않아, 두려움을 느낄 상황이 어른보다 적은 것입니다.

그리고 두려움의 강도는 과거에 경험했던 사건의 강도에 비례합니다. 누구나 불을 무서워하지만, 저는 불을 유독 무서워합니다. 어딘가에서 불이 나는 것만 보면 식은땀이 흐릅니다. 제가 이토록 불을 무서워하는 이유는 과거 저희 집에 큰 불이 난 적이 두 번이나 있기 때문입니다. 그때의 기억이 강렬했던 만큼 불을 더 강하게 두려워하는 것입니다.

미움받는 것은 누구나 두려워하지만, 학창시절 왕따의 경험이 있거나 부모님으로부터 비난받았던 경험이 많았던 사람이라면 그 두려움의 강도는 더욱 강렬할 것입니다. 라희 씨가 연애를 이토록 두려워하는 것도 지난 연애와 이별에서의 경험이 그만큼 고통스러웠다는 의미입니다.

그렇기에 뭔가를 두려워하고 있는 스스로를 답답하게 여기거나, 한심하게 여기지 않았으면 좋겠습니다. 뭔가를 몹시 두려워하고 있다면, 그토록 두려워할 만한 이유가 분명히 있습니다.

피할 수 없는 두려움에 대처하는 자세

두려움에 대처하는 가장 쉬운 방법은 그것을 피하는 것입니다. 생각만 해도 무서운 바이킹에 굳이 올라탈 필요는 없습니다. 높은 곳이 무섭다면 올라가지 않으면 그만입니다. 그러나 여기에는 두 가지 문제가 있습니다. 하나는 안타깝게도 인생에는 완전히 피할 수 없는 문제가 더 많다는 것이고, 다른 하나는 그것을 피함으로써 더 큰 문제가 생기는 경우가 많다는 것입니다.

바이킹쯤이야 평생 타지 않고 지낼 수도 있지만, 사람을 무서워한다고 해서 평생 누구와도 만나지 않을 수는 없습니다. 높은 곳을 무서워하는 사람이 간절히 꿈꿨던 회사에 입사했는데 사무실이 고층빌딩 꼭대기 층에 있을 수도 있습니다. 그 이유로 입사하지 않는다면 오랫동안 꿈꿔왔던 직장을 포기하는 것이며, 그로 인해 겪게 될 경제적, 심리적 손실도 매우 클 것입니다.

미움받는 것이 두려운 사람은 온갖 눈치를 보며 상대방에게 다 맞춰주고, 상냥하게만 행동할 수 있습니다. 그 결과 미움받을 확률은 줄어들겠지만, 그 과정에서 '만만한 사람'이 되어 가볍게 대해질 수도 있습니다. 자존감도 떨어질 것이 분명합니다. 더욱이 그렇게 애썼음에도 누군가는 나를 미워할지도 모릅니다. 연애가 두려워 연애를 피하고 있던 라희 씨는 그로 인해 깊은 외로움과 우울함을 겪어야만 했습니다.

모두가 행복해하는 주말이 더 괴롭게 느껴질 정도로 말입니다.

분명 피할 수 있는 두려움이라면 피하는 것이 지혜롭습니다. 그러나 피할 수 없는 두려움을 피해 보려고 애쓰는 것은 지혜롭지 않습니다. 피할 수 없는 두려움을 대처하는 가장 지혜로운 방법이자 유일한 방법은 두려움을 그저 마주하는 것뿐입니다.

두렵지만, 그럼에도 불구하고

심리상담에서는 다양한 기법을 활용하여 두려움과 공포를 다룹니다. 대표적인 기법으로 '체계적 둔감화^{systematic} $_{desensitization}$'를 들 수 있습니다. 체계적 둔감화 기법을 사용하는 것은 매우 전문적인 역량을 요구하지만, 원리 자체는 사실 매우 간단합니다. 바로 '노출'과 '이완'을 연합시키는 것입니다.

노출은 말 그대로 두려운 대상을 자신이 직간접적으로 마주하는 것이고, 이완은 긴장의 반대 의미로서 몸이 경직되지 않고 풀어진 상태를 뜻합니다. 노출로 인해 유발된 긴장감을 심호흡, 숫자 거꾸로 세기 등의 긴장 완화 행동을 통해 풀어 주는 것입니다. 체계적 둔감화는 공포를 유발하는 자극에 단계적으로 노출시키고, 이때 즉각적으로 이완 훈련을 실시함으로써 공포 자극으로부터 둔감해지도록 하는 데 의의가 있습니다.

예를 들어, 고양이를 무서워하는 사람이 있다면, [고양이를 떠올리는 것 → 고양이 캐릭터 → 고양이 인형 → 고양이]와 같은 순서로 점점 강한 공포 자극을 제시하면서, 그때마다 이완 훈련을 실시합니다. 이러한 과정을 반복하면 우리의 몸과 마음에 '고양이를 만나도 내가 두려워하는 일이 생기지 않는다'는 믿음이 생깁니다. 다시 말해 '공포 자극에 노출이 되더라도, 내가 두려워하는 신체적/정서적 고통은 생기지 않는다'라는 신념을 학습하며 공포를 극복할 수 있는 것입니다.

여기서 우리는 '노출'이라는 단어에 주목할 필요가 있습니다. 우리가 어떤 두려움을 극복하기 위해서는 결국 두려움에 자신을 노출시켜야 한다는 것입니다.

바이킹을 두려워하는 사람은 결국 바이킹을 타 보아야 두려움을 극복할 수 있습니다. 눈을 뜨지 못하고 온몸이 벌벌 떨리더라도, 한 번이라도 타 보아야 '적어도 죽지는 않겠구나'라는 사실을 깨달을 수 있습니다. 그런 마음이 생기면 두 번째 시도는 첫 번째 시도보다 쉬워집니다.

그런 시도가 반복되어야 '내가 바이킹을 타도 내가 생각했던 것처럼 끔찍한 일이 벌어지지는 않는다'라는 걸 몸과 마음이 기억할 수 있습니다. 물론 그래도 여전히 바이킹은 무서울 것입니다. 다만 무서워도 타야만 하는 순간에 자신의 다리로 바이킹 위로 올라설 수 있는 용기만큼은 생길 겁니다.

용기가 없는데 어떻게 시도를 하느냐고 반문하시는 분들도 있을 것 같습니다. 그러나 그 말은 반은 맞고 반은 틀렸습니다. 용기가 생겨야 해볼 수 있다는 것도 맞습니다. 그러나 해봐야 용기가 생기는 것도 맞습니다. 용기는 저절로 만들어지지 않습니다. 용기는 학습되는 것입니다. 라희 씨도 오랜 기간 상담을 받으면서, 몇 번의 연애와 그만큼의 이별을 경험했습니다. 역시나 이별의 순간은 고통스러웠고 괴로웠습니다. 그러나 그 과정 속에서 라희 씨는 중요한 사실을 알게 되었습니다.

'이별은 힘들지만, 그래도 내가 무너지지는 않는구나.'

라희 씨는 그렇게 연애와 이별이라는 공포 자극에 조금은 둔감해질 수 있었습니다. 결국 "여전히 두렵긴 하지만, 그래도 연애를 피하진 않을 수 있을 것 같아요"라고 말하며 상담을 종결하였습니다. 마지막 상담 시간을 마치고 라희 씨가 데스크에 남겨놓은 작은 쪽지를 보고서는 피식 웃음이 났습니다.

선생님께 청첩장을 보내는 그날까지,
두려워도 열심히 사랑하고 이별해 보겠습니다.

– 라희 드림 –

옳은 말이라고
좋은 말은 아니다

진이 씨는 회사가 지옥 같았습니다. 무엇보다 힘들었던 것은 부장님의 기분 변화였습니다. 명확한 기준 없이 본인의 기분에 따라 극찬과 폭언을 오가는 부장님의 눈치를 살피느라 매 순간 긴장의 연속이었습니다. 유독 이 상황이 더 힘들었던 것은 진이 씨의 부모님 역시 부장님처럼 비일관적이고 가혹한 사람이었기 때문입니다. 그래서인지 태도가 급변하는 부장님을 볼 때마다 숨이 가빠졌고, 몇 번은 구토를 하기도 했습니다.

그렇게 3년이 흘렀습니다. 시간이 지나 무뎌지길 기대했지만, 안타깝게도 더욱 힘들어지기만 했습니다. 일요일에는 다음 날 회사에 갈 생각에 하루 종일 밥도 먹지 못했습니다. 현재의 진이 씨가 후회하는 것은 바로 이 3년입니다. 이 시간

동안 지옥 같은 고통을 겪었던 자신을 구해주지 않은 스스로의 선택을 후회하는 것입니다. 그런데 사실 진이 씨가 스스로를 구해주지 못했던 데는 주변의 영향이 컸습니다.

힘들어도 혼자서만 끙끙 앓던 진이 씨는 문득 '이제는 도저히 안 되겠다'라는 생각이 들어, 점심을 같이 먹는 옆자리 사수 선배와 부모님에게 용기 내어 마음을 털어놓았습니다. 너무 힘들어서 이직이나 퇴사가 고민된다고 말입니다. 선배는 안타까운 표정으로 말했습니다.

"힘들지⋯. 이해해. 근데 조금만 더 버텨 봐. 여기 팀원들 다 그 정도는 힘들어. 다 힘든데 그냥 버티는 거야. 너 이거 힘들다고 그만뒀다가 커리어 망치면 어쩌려고 그래. 이거 다 진이 씨 생각해서 해주는 말이야."

부모님의 반응도 비슷했습니다.

"세상에 쉽게 돈 버는 사람이 어딨어. 그거 조금 힘들다고 그만두면 이 세상에 일할 사람 아무도 없겠다."

이런 주변의 반응을 듣다 보니 진이 씨도 '내가 너무 엄살 피우는 건가? 내가 나약한 소리 하는 건가?' 생각하게 되었습니다. 그래서 진이 씨는 스스로를 지옥에 머물도록 하였습니다. 그렇게 3년이라는 시간이 흘렀습니다. 진이 씨는 결국 주요우울장애 진단을 받고, 더 이상 정상적인 업무수행이 어려운 상태가 되어 버렸습니다.

우리는 왜 이렇게 타인의 말에 흔들릴까

우리는 다른 사람의 말에 정말 많은 영향을 받고 살아갑니다. 제아무리 자유로운 영혼의 소유자처럼 보이는 사람일지라도 타인의 말로부터 온전히 자유로울 수는 없습니다. 아주 마음에 드는 옷을 입고 집을 나서다가도, 엄마에게 "너 옷이 그게 뭐야"라는 말 한마디를 들으면 '뭔가 문제가 있나?' 하고 거울을 한 번 더 들여다보기 마련입니다.

우리가 이토록 타인의 말에 영향을 받는 이유는 틀릴까 봐 두려워서입니다. 어떠한 정답도 없는 인생이 불안하기 때문입니다. 그러한 삶의 불확실성 때문에 우리는 늘 '이게 맞나?'라는 본질적인 불안과 두려움을 안고 살아갑니다.

타인의 의견을 따르면 이러한 두려움과 불안함을 어느 정도 줄일 수 있습니다. 맛집을 찾을 때 다른 사람의 후기를 그토록 찾아보는 것도 그런 이유에서입니다. 우리가 어느 정도 타인의 의견을 참조하고 싶은 마음이 드는 것은 매우 자연스럽습니다. 삶에 대한 본질적인 불안과 두려움을 달랠 수 있기 때문입니다.

마음이 혼란스럽고 힘들수록 다른 사람의 말에 더 많이 의지하게 됩니다. 아무것도 없는 사막 한가운데에 놓여 있을 때, 누군가가 나타나 바닥에 화살표를 하나 그어 주면 왠지 그 화살표를 따라가고 싶은 마음이 들기 마련입니다. 더욱이 그 화살표를 그은 사람이 내가 믿을 만한 사람이거나, 비슷

한 다른 사막을 다녀와 본 적이 있는 사람이라면 그 화살표
가 가리키는 방향을 더욱 신뢰하게 될 것입니다.

그래서 마음이 혼란스럽거나 힘들 때면 나를 잘 아는 친구
나 가족, 멘토에게 조언을 구하기도 하고, 명사의 강연을 찾
아보기도 합니다. 때로는 점이나 타로를 보러 가기도 합니다.
그들이 하는 말에 기대어 현재 느끼고 있는 불안감과 두려움
을 잠시나마 잊을 수 있기 때문입니다.

내 마음의 목소리보다 타인의 말을 신뢰할 때

그렇지만 믿음직한 타인의 말에 기댄다고 해서 언제나 좋
은 결과가 따라오지는 않습니다. 누군가의 말 한마디로 삶에
대한 불안과 두려움을 잊을 수도 있지만, 그 말 때문에 오히
려 더 좌절하고 절망하기도 합니다. 어떻게든 힘을 내보려고
하다가도 그 말 한마디에 다시 주저앉아 버리기도 합니다.
반박의 여지 없이 맞는 말이어도, 진심 어린 좋은 마음으로
해준 말이어도 그 말에 상처받을 수 있습니다.

살이 쪄서 고민이라는 친구가 진심으로 걱정되어 도움을
주고 싶은 마음에 "저녁으로 샐러드를 먹고, 운동을 해보는
게 어때?"라는 말을 건네도, 그 친구는 상처받을 수 있습니다.

'그 당연한 걸 나는 왜 못 하지?'

'나는 왜 알면서도 못 할까?'

'나는 뭔가 부족한 사람인가 보다.'

라고 생각하며 자존감을 갉아 먹게 될지도 모릅니다.

가장 안타까운 경우는 '나'에 대한 평가마저도 내 마음의 소리보다 타인의 말을 더욱 신뢰하는 분들입니다. 내가 어떤 사람이고, 내가 무엇을 원하고, 내가 어떤 상태인지에 대하여 나보다 다른 사람의 말에 더 무게를 두는 것입니다.

사연 속 진이 씨의 경우가 그렇습니다. 진이 씨는 정말 힘들었지만 자기 마음의 소리보다 주변의 말을 더 신뢰했습니다. 그래서 '너무 힘들어서 괴로운 나'를 '엄살 부리는 나약한 나'로 믿어 버렸습니다. '쉬어야만 하는 상태'를 '버텨야 할 것 같은 상태'로 믿어 버렸습니다. 자기 마음의 목소리보다 타인의 말을 더욱 신뢰한 그 참담한 결과는 안타깝게도 온전히 진이 씨의 몫이었습니다.

귀의 필터와 마음의 근력

좋다고 하는 운동법을 모두 다 따라 한다고 해서 근력이 생기지는 않습니다. 무분별하게 따라 하다가 오히려 부상을 입을 수도 있습니다. 따라서 많은 운동법 중에 나에게 잘 맞는 운동법을 선택하는 것이 중요합니다.

마음의 근력도 마찬가지입니다. 주변의 말에 쉽게 상처받거나, 내 삶이 좌지우지되지 않기 위해서는 다른 사람의 말을 온전히 내면화하지 않는 것이 중요합니다. 쉽게 말해 '걸러 듣기'가 필요합니다.

우리의 입과 귀에는 적당한 필터가 필요합니다. 적당히 걸러서 말하고, 걸러서 들어야 합니다. 그러나 어느 한쪽에 필터가 부족한 분들도 있습니다. 입에 필터가 부족한 분들은 너무 거침없이 말해 다른 사람에게 상처를 쉽게 줍니다. 반면 귀에 필터가 부족한 분들은 다른 사람의 말을 너무 가감없이 받아들여, 자신에게 상처를 쉽게 줍니다. 나에 대한 각종 충조평판(충고, 조언, 평가, 판단)은 모두 적당히 걸러 들어야 합니다. 그중에서도 특히 '나의 마음'에 대한 타인의 충조평판은 유의해서 걸러 들어야 합니다.

얼마 전에 헬스장에서 운동을 하고 있는데, 어떤 몸짱 아저씨가 조심스럽게 다가오셔서 아주 친절한 표정과 상냥한 말투로 저에게 조언을 해주셨습니다. "지금 그 정도 몸에서 이정도 무게를 들면 너무 가벼워서 근육이 붙지 않는다", "자세는 이렇게 바꾸어야 더 효과적이다" 등등…. 아직 헬스의 '헬' 자도 잘 모르는 초보자에게 매우 설득력 있는 내용들을 친절히 설명해 주셨고, 그 말에서 진심으로 제가 잘 되길 바라는 마음이 느껴졌습니다.

그러나 저는 그 말을 따르지는 않았습니다. 왜냐하면 사실 저는 그때 어깨가 다친 상태였기 때문입니다. 아저씨가 알려준 운동 방법은 훌륭했고 의도도 매우 감사했지만, 제가 그렇게 할 수 없는 사정에 있었습니다. 그리고 그 사정은 저만 알고 있는 것이었습니다. 만약 제가 걸러 듣지 않고 알려주신 방법대로 운동을 했다면 어깨 부상이 더 심해졌을지도 모릅니다. 그리고 그에 따른 고통은 온전히 제가 책임져야 할 문제입니다. 그래서 감사하지만 걸러 들었습니다.

우리 마음도 마찬가지입니다. 내 마음은 내가 제일 잘 알고 있습니다. 내가 얼마나 힘든지, 그리고 왜 이렇게 힘든지도 내가 제일 잘 압니다. 나도 나를 잘 모르겠다는 생각이 들 수도 있습니다. 하지만 타인은 나보다 더 나를 모릅니다. 그러니까 내 마음에 대해 이렇다 저렇다 하는 타인의 말들은 그저 그 사람의 의견으로 존중해 주면 좋겠습니다. '그래. 너는 그렇게 생각하는구나' 하고 말입니다.

좋은 상담자가 조언을 하지 않는 이유

상담실에 찾아오시는 많은 분들은 상담자의 '조언'을 듣고 싶어 합니다. 사람의 마음과 심리에 대해 많이 공부하고 수련한 사람에게 듣는 조언은 더욱 신뢰할 만하다고 생각하기 때문일 것입니다. 그러나 좋은 상담심리사는 조언을 잘 하지 않습니다. 타인의 삶에 화살표를 함부로 그려 넣는 것이 얼마나 무책임한 일이 될 수 있는지 너무나 잘 알고 있기 때문입니다.

그 화살표의 끝에 무엇이 있든, 그것을 책임지고 겪어야 할 사람은 화살표를 그린 사람이 아니라 그 길을 걷는 사람입니다. 그래서 좋은 상담심리사는 내담자로 하여금 무섭고 두렵더라도 직접 본인의 삶에 화살표를 그리고 그 길을 걷도록 돕습니다.

타인의 조언, 즉 타인이 내 삶에 그려 준 화살표는 분명 우리를 안심시켜 줄 것입니다. 그러나 그 화살표를 따랐을 때의 결과는 그것이 좋든, 나쁘든 온전히 내가 책임져야 합니다. 우리는 타인이 그려 준 화살표를 정답으로 신뢰하지 않아야 합니다. 타인이 그려 주는 화살표는 어디까지나 '참고사항'일 뿐입니다. 그 타인이 아무리 믿을 만한 사람이고, 아무리 능력 있는 사람이라도 말입니다.

기대를 낮출수록
관계는 편안해진다

"선생님, 저 이혼해야 할까요?"

다빈 씨는 최근에 첫 결혼기념일을 보낸 1년 차 새색시입니다. 그런 다빈 씨가 이혼을 고민하게 된 건 남편에 대한 실망 때문이었습니다.

결혼 전, 다빈 씨는 비혼주의자까지는 아니었지만, 결혼에 매우 회의적이었습니다. 어려서부터 하루가 멀다 하고 싸우기만 했던 부모님을 보며 '저럴 거면 결혼을 왜 하지?'라는 생각을 자주 했기 때문입니다. 그래서 다빈 씨가 결혼을 결심했을 때, 주변 친구들도 "그렇게 결혼이 싫다더니…"하며 놀라워했습니다.

다빈 씨가 결혼을 결심할 수 있었던 것은 지금 남편에 대한 엄청난 신뢰 덕분이었습니다. 남편은 다정하고 세심한 성격에, 일적으로도 성실하고 경제적으로 벌이도 좋았습니다. 외모도 다빈 씨가 꿈꿨던 이상형에 가까웠습니다. 마치 동화 속 왕자님처럼 완벽해 보였습니다. 이렇게 완벽한 왕자님이 나를 사랑한다니. 그렇게 다빈 씨는 자연스럽게 결혼을 결심하게 됩니다.

그러나 결혼 후, 그 왕자님으로부터 상처를 받기 시작했습니다. 남편은 여전히 그녀에게 다정했지만, 다른 사람에게도 다정했습니다. 한번은 운전 중에 앞차와 시비가 붙어서 다툼이 생겼는데, 그때도 남편은 다빈 씨의 편이 되어 주지 않았습니다. 어떻게든 좋게만 무마하려는 남편의 모습이 실망스러웠습니다. 남편은 여전히 자기 일을 열심히 했지만, 가정에 충실하진 못했습니다. 소득은 높았지만 쓸 줄을 모르는 사람이라, 다빈 씨의 소비 활동을 이해하지 못했습니다.

이 밖에도 결혼 전에는 몰랐던 남편의 모습들을 하나둘 알게 되면서 실망이 커졌습니다. 자꾸만 갈등이 생기고, 깊어지고, 반복되었습니다. 그때마다 다빈 씨는 '내가 사람을 잘못 봤다'라며 자책하고, '역시 결혼은 하지 말았어야 했는데'라며 후회했습니다.

누군가를 완전히 좋은 사람으로 여길 때
좋은 사람과 나쁜 사람을 구분하는 것은 우리에게는 아주 익숙한 일입니다. 영화나 드라마 속에 등장하는 수수께끼의 인물을 볼 때 '저 인물은 좋은 사람일까? 나쁜 사람일까?'를 고민하는 것처럼 말입니다.

오랜 인류의 역사 속에서 아군과 적군을 분별하는 것, 즉 '피아(彼我) 식별'은 생존에 매우 중요한 요소였습니다. 게다가 우리의 뇌는 무언가를 이해할 때 최대한 간단하게, 범주화하여 이해하는 것을 좋아합니다. 그래서 사람을 이해할 때도 단순하게 범주화하는 것을 선호합니다. 그 범주가 때로는 '내향형/외향형', '보수/진보'처럼 이분법적으로 나뉘기도 합니다. 즉, 우리가 누군가를 '좋은 사람/나쁜 사람'으로 구분하려는 습관은 진화론, 뇌과학으로도 설명할 수 있는 아주 자연스러운 현상이라고 볼 수 있습니다.

그러나 사람을 '좋은 사람/나쁜 사람'으로만 단순하게 정의하는 것은 우리의 마음을 더 힘들게 만들기도 합니다. 사연 속 다빈 씨의 경우가 그렇습니다. 결혼 후 남편의 행동은 분명 실망스러울 수 있는 모습이지만, 다빈 씨가 단순한 실망을 넘어 이혼까지 고민할 정도로 힘들어진 이유는 남편을 온전히 '좋은 사람'으로만 생각했기 때문입니다. 완벽하게 좋은 사람이라고 생각했던 남편의 실망스러운 모습은 다빈 씨에게 마치 티끌 하나 없이 순백했던 도화지 위에 갑자기 새까만 잉크가 쏟아지는 것처럼 충격적이고 절망스럽게 느껴졌을 것입니다.

교통사고의 유형 중 후방추돌사고는 실제 충돌의 강도에

비해 운전자가 받는 충격이 다른 사고보다 크다고 합니다. 몸이 방심하고 있기 때문입니다. 운전 중에는 보통 전방을 주시하기 때문에 내 시야의 뒤편에서 사고가 날 수 있으리라는 가능성은 잘 고려하지 않습니다. 그래서 예상치 못한 충격이 오면 방심한 몸은 더 크게 흔들립니다. 흔히 말하는 '뒷목 잡고 쓰러지는' 데는 그럴만한 이유가 있다는 겁니다.

관계에서도 마찬가지입니다. 내가 누군가에게 가지고 있는 좋은 인상을 그의 전부라고 여긴다면, 그 사람의 작은 단점이나 결점에도 더 크게 실망할 수 있습니다. 특히 그 사람이 애인이나 가족, 친구와 같은 가까운 사람이라면 작은 충격에도 마음이 와르르 무너져 내릴지도 모릅니다.

누군가를 완전히 나쁜 사람으로 여길 때

가까운 사람을 온전히 '나쁜 사람'으로만 여기는 것도 우리 마음을 지치게 합니다. '나쁜 사람'이라고 이름 붙이고 나면, 그때부터는 그 사람의 나쁜 모습만 눈에 들어오기 시작하기 때문입니다. 좋은 모습이 보여도 마음에서 걸러 버리고, 나쁜 모습들만 수집하며 '거 봐, 역시 이럴 줄 알았어'라며 편견을 키워갑니다. 그리고 그런 편견은 너무나 쉽게 혐오의 감정으로 이어집니다.

혐오라는 감정은 그 대상이 되는 사람에게도 끔찍한 일이지만, 그 감정을 가지고 있는 사람에게도 괴로운 일입니다.

누군가가 아주 밉고 혐오스러울 때는 그 사람의 일거수일투족이 스트레스가 되기 때문입니다. 얼굴만 봐도 스트레스고, 심지어 숨소리도 거슬립니다. 그 사람 자체가 말 그대로 '혐오자극'이 되는 것입니다.

정말 더럽거나 끔찍한 것을 보며 우리는 혐오라는 감정을 느낍니다. 그리고 이러한 혐오자극에 대처하는 자연스러운 반응은 바로 '회피'입니다. 그러나 직장, 친구, 애인, 가족처럼 물리적, 심리적으로 가까운 사람들은 피하기가 어렵습니다. 피할 수 없는 혐오자극과 함께하는 시간은 지옥과 다름없습니다. 옆자리 동료를 온전히 나쁜 사람으로 여긴다면 직장에서의 시간은 지옥이 될 것이고, 가족 중 누군가를 온전히 나쁜 사람으로 여긴다면 집에서의 시간이 지옥이 될 것입니다.

왕자님도 그저 보통의 인간일 뿐

우리는 누군가와 반드시 관계를 맺으며 살아가게 됩니다. 그 관계가 항상 즐겁고 행복하면 좋겠지만, 안타깝게도 속상하고 상처받는 일도 생기기 마련입니다. 그런 관계에서 생기는 어쩔 수 없는 상처들로부터 마음이 무너지지 않게 하기 위해서는 누군가를 '완전히 좋은 사람' 혹은 '완전히 나쁜 사람'으로 보지 않으려 애써야 합니다.

만약 누군가를 완전히 좋은 사람으로 이상화하고 있다면 그 사람에게 단점이나 아쉬운 점들은 없는지 의식해 보길 바랍니다. 반대로 누군가를 완전히 나쁜 사람으로 미워하고 있다면 그의 장점을 찾아보려고 애써 보면 좋겠습니다. 앞서 살펴본 것처럼, 완벽한 선인으로 여긴 사람에게 받는 상처는 실망을 넘어 절망이 되고, 완벽한 악인으로 여긴 사람에게 받는 상처는 미움을 넘어 혐오가 되어 우리 마음을 무너뜨릴 수 있기 때문입니다. 장단점을 모두 포함한 통합적 인간으로 타인을 이해하려는 태도를 키울수록, 관계에서 받는 상처로부터 우리의 마음을 좀 더 단단하게 지킬 수 있습니다.

10년간 상담실에서 다양한 분들을 만나왔습니다. 그중에는 사회적으로 존경받고 추앙받는 분도 있는가 하면, 범죄를 저지른 분들도 있었습니다. 이 과정에서 제가 깨달은 점 하나는 완전히 좋은 사람도, 완전히 나쁜 사람도 없다는 것입니다. 모두에게 존경받는 좋은 사람에게도 나쁜 모습이 있었고, 누가 봐도 나쁜 사람인 범죄자에게도 좋은 모습은 있었습니다. 단언컨대, 완벽히 좋기만 한 사람도, 완벽히 나쁘기만 한 사람도 없습니다.

다빈 씨도 상담에서 남편을 동화 속 왕자님이 아닌 현실 속 한 명의 인간으로 이해하기 위해 노력했습니다. 물론 그 과정은 쉽지 않았지만, 점차 다빈 씨는 남편을 왕자님이지만 인간이고, 변한 것이 아니라 원래 여러 가지 측면이 있었던, 장점이 많지만 그만큼 단점도 많은 그냥 보통의 사람으로 바라보기 시작했습니다. 그러면서 다빈 씨의 감정은 절망에서

서운함과 섭섭함으로 그 농도가 점점 옅어졌습니다. 그리고 남편에게 그런 서운함과 섭섭함을 표현하고, 바라는 모습을 요구하고, 함께 조율할 수 있게 되었습니다.

남편을 통합적으로 바라보고 이해하려는 노력을 통해 다빈 씨는 결국 절망에서 빠져나올 수 있었습니다. 이혼이라는 선택은 보류하기로 했습니다. 남편은 여전히 썩 맘에 안드는 구석이 많지만, 좀 더 지지고 볶으며 살아가 볼 수 있을 것 같다는 용기와 희망을 얻었기 때문입니다.

화를 잘 해소하는 사람은
무너지지 않는다

4년 차 공무원인 하얀 씨는 오늘도 머리가 계속 지끈거립니다. 두통약을 먹어도 소용이 없습니다. 하얀 씨의 지긋지긋한 고통은 몇 주 전부터 하얀 씨의 업무 보조 역할로 배치된 사회복무요원 현규 씨 때문에 시작되었습니다.

하얀 씨는 사실 현규 씨가 배치된 첫 주부터 뭔가 싸한 느낌을 받았습니다. 하얀 씨는 워낙 친절한 사람이었기에 현규 씨가 낯선 곳에서 어색해하지 않도록 도와주고 싶었습니다. 그래서 아침은 드셨는지, 주말엔 뭐 하셨는지 등 이런저런 말을 먼저 걸었지만, 현규 씨는 딴 곳을 보면서 단답형으로 대답하며 대화를 이어가려는 의지를 보이지 않았습니다. 그래도 여기까지는 '그냥 말수가 적은 사람인가 보다' 하고 넘어갔습니다.

그러나 시간이 지날수록 하얀 씨는 현규 씨가 무례하게 느껴졌습니다. 업무 지시를 해도 듣는 둥 마는 둥 하고, 일에서 실수를 해도 죄송하다는 말 한마디가 없었습니다. 어떻게든 일을 안 하려고 티 나게 요령을 피우기 일쑤였으며, 일을 시키면 대답도 제대로 하지 않고 귀찮다는 표정을 노골적으로 드러냈습니다. 다른 직원들도 이런 현규 씨의 모습에 눈살을 찌푸리며 하얀 씨에게 "현규 씨 관리 좀 해~ 하얀 씨 담당이잖아"라며 불평했습니다.

당연히 하얀 씨도 엄청나게 화가 차올랐습니다. 그러나 문제는 하얀 씨가 살면서 화를 내 본 적이 한 번도 없는 사람이라는 것이었습니다. '한소리 해야지' 하고 다짐했다가도 막상 말하려고 하면 입이 떨어지지 않았습니다. 화가 차오르는 만큼 답답함도 커졌습니다. 마음속에서 차오르는 분노가 점점 감당이 되지 않았습니다.

그때부터 전에 없던 두통이 생기고, 어떤 날은 온몸에 근육통이 오기도 했습니다. 먹은 걸 다 토해 버리는 날도 있었습니다. 병원에 가 보았지만 다른 신체적인 문제는 없고 단순 '스트레스성'이라는 말을 들었습니다. 사실 하얀 씨도 알고 있었습니다. 이건 '화병'이라는 것을요.

분노의 두 얼굴
화 또는 분노라는 감정은 슬픔, 기쁨 등과 함께 인간의 '기

나에게 괜찮냐고 물어본 적이 없었다

본 감정' 중 하나입니다. 기본 감정은 저마다 인간이 세상에 적응하고 사는 데 도움을 줍니다. 우리는 슬픔을 느끼기 때문에 누군가에게 도움을 요청할 수 있습니다. 기쁨은 삶을 건강하게 유지하는 활력의 기능을 합니다.

분노의 기능은 '방어'입니다. 우리는 분노라는 감정을 통해 삶의 위협으로부터 나를 지킬 수 있습니다. 누군가에게 공격당했을 때, 그 경험에 대해 분노라는 감정을 느껴야, 다음에 그런 공격을 반복해서 당하지 않도록 스스로를 방어할 수 있습니다. 부당한 사회적 압력이나 제도, 관습에 분노함으로써 개선을 요구하는 목소리를 내고, 나의 권리를 지킬 수 있는 것도 마찬가지입니다. 이처럼 분노는 우리를 안전하게 지켜줄 수 있는 아주 중요한 감정입니다.

그런데 분노라는 감정에는 아주 중요한 특성이 있습니다. 바로 뜨겁다는 것입니다. 분노라는 감정을 시각화하여 표현할 때 타오르는 불꽃에 비유하곤 합니다. 불꽃은 어두운 길을 밝히거나 추운 날 체온을 보호하기도 하고, 라이터나 불멍처럼 우리 삶을 윤택하게 해주기도 하지만, 때로는 화상을 입히고, 산불과 같은 커다란 재난을 일으키기도 합니다.

분노라는 감정도 그렇습니다. 분노의 뜨거움은 잘 다루면 우리를 지켜주지만, 잘 다루지 못하면 반대로 누군가를 해칠 수도 있습니다. 여기서 누군가는 타인이 될 수도 있지만, 내가 될 수도 있습니다.

우리가 흔히 '분노조절장애'라고 말하는 '간헐적 폭발성 장애'는 분노의 감정을 조절하지 못해 타인이나 사회에 위협을 가하는 상태를 뜻합니다. 그러나 조절되지 않은 분노가 타인만 해치는 것은 아닙니다.

걷잡을 수 없는 불길은 사람을 가려가면서 붙지 않습니다. 조절되지 않은 분노는 타인뿐 아니라 스스로를 해치기도 합니다. 바로 사연 속 하얀 씨의 경우가 그렇습니다. 조절되지 않은 분노는 하얀 씨처럼 각종 신체적 증상으로 나타나기도 하고, 우울증, 공황장애와 같은 심리적 증상으로 이어지기도 합니다.

화를 많이 내는 사람이 상담에 오지 않는 이유

우리의 감정을 '보일러'에 빗대어 보면 분노 조절의 핵심을 쉽게 파악할 수 있습니다. 우리는 속에서 뜨겁게 화가 차오를 때 '부글거린다'라는 표현을 자주 씁니다. 보일러 역시 강한 열로 물을 부글부글 끓여냅니다. 이렇게 발생한 열기는 배출구를 통해 집 안 이곳저곳으로 전달됩니다.

여기서 주목해야 할 포인트는 바로 '배출구'입니다. 만약이 배출구가 막혀 있다면 보일러는 어떻게 될까요? 처음에는 어느 정도 버티겠지만, 금세 차오르는 열기와 압력으로 인해 보일러 본체에 금이 가기 시작할 것이고, 결국에는 부서질 것입니다. 분노의 감정도 마찬가지입니다. 분노를 적절하게 배출하지 못하면 마음에 금이 가기 시작하고, 나중에는 마음이 깨져 버리고 맙니다. 사연 속 하얀 씨의 깨져 버린 마음의 원인도 분노가 빠져나갈 배출구가 막혀 있었기 때문입니다.

보일러 이야기가 시사하는 바는 아주 간단합니다. 분노 조절의 핵심은 바로 '배출'이라는 것입니다. 물론 지나치게 배출하면 문제가 될 수 있습니다. 그것이야말로 '분노조절장애'입니다.

그런데 여기서 재밌는 사실을 하나 말씀드리고 싶습니다. 분노조절장애까지는 아니더라도 과도하게 화를 많이 내시는 분들은 생각보다 상담실을 잘 찾아오지 않는다는 것입니다. 마음속에 차오르는 분노를 여과 없이 매 순간 모조리 배출해 버리니 그때그때 분노가 해소되어, 본인은 후회할지언정, 마음의 고통이 오래 지속되지는 않기 때문입니다. 오히려 그런 분들이 배출한 과도한 열기에 화상을 입은 주변 사람들을 상담실에서 더 자주 만날 수 있습니다.

이 이야기를 '내 마음이 편해지기 위해서라면 타인을 해칠 정도로 분노를 배출해도 괜찮다'라는 의미로 오해하지는 않았으면 좋겠습니다. 저는 그저 분노 배출이 분명히 필요하다는 사실을 강조하고 싶습니다. 즉, 분노를 '잘 느끼지 않고, 잘 참는 사람'이 아니라 '잘 느끼고, 적절하게 표현하는 사람'이 건강한 사람입니다.

분노를 잘 표현하는 방법

분노를 배출하고 표현하는 방법은 여러 가지가 있습니다. 그 방법들은 크게 간접적인 방법과 직접적인 방법으로 나뉩니다.

간접적인 방법은 분노의 감정을 분노의 대상이 아닌 다른 대상에게 대신 표출하거나, 다른 활동을 통해 승화시키는 것입니다. 예를 들어, 일기나 핸드폰에 분노의 마음을 가득 담아 글을 써 내려가는 것, 화난 마음을 그림으로 표현하는 것 (형태를 알 수 없는 낙서 같은 그림도 괜찮습니다), 노래방에 가서 시끄러운 노래를 부르는 것, 축구나 농구 같은 경쟁적인 운동이나 킥복싱, 검도 같은 공격성을 발산할 수 있는 운동을 통해 분노의 감정을 표출하는 것입니다. 이러한 활동들을 통해서 분노의 감정을 매우 안전하게 표출할 수 있습니다. 다만, 직접적인 방법에 비해서 그 효과는 조금 부족할 수 있습니다.

직접적인 방법은 분노의 대상에게 분노의 감정을 직접적으로 전달하는 것입니다. 직접적인 방법은 간접적인 방법에 비해 훨씬 분노가 많이 배출될 수 있습니다. 그러나 직접적인 표현 방법을 사용할 때 반드시 명심해야 할 점이 하나 있습니다. '화를 내는 것'과 '화가 났다고 말하는 것'은 다르다는 점입니다.

화를 내는 것은 소리를 지르거나, 욕을 하거나, 비난하는 등의 행위를 통해 상대방을 '공격'하는 것입니다. 우리가 공격당할 때 취할 수 있는 반응은 크게 세 가지입니다. 반격하거나, 방어하거나, 도망갑니다. 내가 화를 낸 상대방이 선택할 행동도 이 세 가지 중에 하나일 확률이 무척 높습니다. "그러는 당신은~"이라며 반격하거나, "아니 그게 아니라 이런 거라고~"라고 변명하며 방어하거나, 아예 반응하지 않으며 도망갈 것입니다. 따라서 분명 화를 낼 때는 뭔가 해소되는 느낌이 들다가도, 이런 반응 때문에 도리어 더 화가 나게 됩니다. 혹 하나를 떼려다 두 개 붙이는 격입니다.

화를 내는 것보다 안전한 방법은 '화가 났다고 말하는 것'입니다. 특히 '나'를 주어로 삼으면 그 말은 상대방에게 덜 공격적으로 들릴 수 있습니다. 가령 "현준 씨는 왜 그딴 식이야?"라는 비난의 말로 '화를 내는 것'보다 "나는 현준 씨가 실수하고도 미안해하지 않는 것 같아서 화가 나"라고 말하는 것입니다. 이렇게 말하면 상대방은 반격하거나, 방어하거나, 회피하기가 곤란해집니다. 내 분노의 감정을 좀 더 안전하게 표현할 수 있는 것입니다.

헬스장에서 사람들이 소리를 내는 이유

아마도 이 책의 독자분들 중 대다수는 화를 잘 못 내는 유형일 것이라 생각합니다. 그렇기에 분노를 잘 표현하는 것도 중요하지만, 표현하는 것 자체가 더 중요하다는 사실을 다시 한번 강조하고 싶습니다. 잘 표현하려고 하다가, 아예 표현하지 못하고 마음이 무너지지 않았으면 합니다.

헬스장에서 운동을 하다 보면 여기저기서 크고 작은 신음 소리가 들리곤 합니다. 기구를 들어 올리거나 무거운 것을 밀어내면서 "끄응~"하는 소리를 내거나 "으악~"하는 소리를 내시는 분들도 있습니다. 이런 소리는 실제로 운동을 하면서 몸에 가해지는 높은 압력을 덜어내는 역할을 합니다. 이왕이면 좀 더 예쁜 소리, 창피하지 않은 소리를 내면 좋겠지만, 비록 이상한 소리를 내더라도 좌우지간 소리를 내는 것이 몸의 근력을 키우는 데 더 도움이 됩니다.

분노의 표출도 운동할 때 내는 작은 소리와 마찬가지입니다. 잘 표출하는 것도 중요하지만, 일단 어떻게든 감정을 내보내는 것이 더 중요합니다. 부글부글 끓어오르는 분노의 압박으로부터 내 마음을 지키기 위해서는 그 작은 표현 하나, 그 작은 배출구 하나를 뚫는 것이 절실합니다. 배출구의 모양은 조금 투박하더라도 일단은 괜찮습니다.

나에게 먼저
다정한 사람이 되자

상담실에서 영준 씨를 처음 만난 날의 첫인상은 강렬했습니다. 드라마에서 나올 것 같은 큰 키와 잘생긴 외모에 멀끔한 정장 차림으로 상담실 문을 열고 들어온 영준 씨는 "안녕하세요. 처음 뵙겠습니다"라며 점잖게 인사하고 자리에 앉았습니다. 그런 영준 씨가 매력적인 중저음의 목소리로 꺼낸 첫마디는 정말 뜻밖의 것이었습니다.

"선생님께 따끔하게 욕 좀 먹으려고 왔습니다."

많은 시간과 돈, 에너지를 투자하여 찾아온 상담실에서 말 그대로 '사서 욕먹기'를 원한다니, 의아해져 되물었습니다.

"영준 씨에게 왜 저의 욕이 필요할까요?"

"그래야 좀 정신을 차릴 것 같아요. 요즘 제가 너무 나태해진 거 같거든요."

영준 씨는 소위 '갓생(부지런하고 타의 모범이 되는 삶을 뜻하는 신조어)'을 사는 사람이었습니다. 매일 아침 출근 전에 헬스장을 가고, 회사에서는 주어진 일뿐 아니라 시키지 않은 일도 찾아서 하는 능동적인 사람이었습니다. 퇴근 후에는 영어학원을 다녔고, 주말에는 런닝크루에서 열심히 활동했습니다. 계획한 일을 하기 싫어질 때면 '미쳤어? 정신 똑바로 차려야지!' 하고 스스로를 다그치며 삶을 이상적으로 꾸려갔습니다.

그랬던 영준 씨가 자신이 나태해졌다고 느끼게 된 건 최근 들어 몇 번 늦잠을 자서 헬스장을 가지 못한 날이 생기고, 영어학원도 빼먹는 날이 생겼기 때문이었습니다. 지난 주말에는 반나절 내내 침대에 누워서 넷플릭스만 보고 있었습니다. 누군가에게는 너무 자연스러운 모습이었지만, 영준 씨는 그런 스스로를 용납하기 어려웠습니다. 늘 그랬던 것처럼 '미쳤어? 너 지금 뭐 하는 거야? 너 이렇게 나약한 사람이었어?'라며 스스로를 다그쳤지만, 이번에는 왜인지 움직일 수가 없었습니다. 그래서 영준 씨는 상담실을 찾았습니다. 스스로 다그치는 것이 먹히지 않으니, 상담사한테 욕이라도 먹으면 원래대로 돌아갈 수 있을 것이라는 생각에서였습니다.

당근과 채찍

동기, 즉 인간을 움직이게 하는 요소 중 가장 역사와 전통이 깊은 것은 아마도 '당근과 채찍'일 것입니다. 원시 시대

나에게 괜찮냐고 물어본 적이 없었디

부족 생활에서도 사냥을 잘하는 부족민에게는 '좋은 칼'이라는 당근을 주어 사냥을 더 열심히 하게끔 했고, 도둑질을 하는 부족민에게는 '매질'이라는 채찍을 주어 다시는 그런 행동을 하지 못하게끔 했습니다.

현대 사회에서도 바람직한 행동을 한 사람에게는 칭찬과 상이라는 당근을, 바람직하지 못한 행동을 한 사람에게는 비난과 벌이라는 채찍을 줍니다. 이러한 당근과 채찍을 행동주의심리학에서는 '강화'와 '처벌'이라고 합니다.

요즘 우리에게 익숙한 '가스라이팅'이라는 개념도 강화와 처벌의 과정을 통해 완성됩니다. 상대방이 내가 원하지 않는 행동을 했을 때는 그를 이상한 사람으로 여기는 처벌을 주고, 원하는 행동을 했을 때만 긍정적인 피드백을 주는 강화를 통해 상대방을 조종하는 것입니다.

우리도 타인에게, 그리고 스스로에게 의식적이거나 무의식적으로 강화와 처벌을 사용합니다. 가령 직장에서 부하 직원이 열심히 일할 때는 인자한 미소와 격려를 건네고, 열심히 일하지 않을 때는 무표정한 표정과 무관심한 태도를 보이는 것처럼 말입니다. 열심히 일한 나에게는 퇴근 후 시원한 맥주 한잔을 먹으며 강화해 주고, 할 일을 미룬 나에게는 '넌 정말 답도 없다'라고 말하며 채찍질하기도 합니다. 이렇게 우리는 누군가에게 기대하는 행동이 있을 때, 품속에 있는 당근 혹은 채찍을 꺼내어 행동을 제어합니다.

당근이 많은 사람, 채찍이 많은 사람

재밌는 점은 사람마다 품속에 있는 당근과 채찍의 개수가 다르다는 것입니다. 당근과 채찍의 개수는 성격이 형성되기 이전, 즉 청소년기 이전 시기에 어떤 삶을 경험했는지에 따라 달라집니다. 특히 부모님의 양육 방식이 큰 영향을 미칩니다. 부모님이 나를 키우면서 당근과 채찍 중 무엇을 얼마나 많이 사용했는지에 따라 내 마음속 당근과 채찍의 개수가 달라집니다.

누군가의 품속에는 당근이 많아서 손을 넣으면 자연스럽게 당근이 나오지만, 다른 누군가의 품속에는 채찍만 너무 많아서 꺼냈다 하면 채찍뿐인 사람도 있습니다. 마치 오른손잡이와 왼손잡이의 차이처럼 누군가는 타인에게 칭찬을 하는 것이, 누군가는 타인에게 비난을 하는 것이 자연스러운 방식이 됩니다.

안타까운 점은 그 방식이 타인뿐 아니라 스스로에게도 적용된다는 점입니다. 타인에게는 관대하고 본인에게는 지나치게 엄격한 사람들이 있습니다. 이런 분들은 마음속 당근이 적고 채찍이 많아서, 타인에게 당근을 주고 나면 본인에게 줄 당근이 남지 않습니다. 그래서 자연스럽게 스스로에게 채찍을 때리게 됩니다. 사연 속 영준 씨도 마음속에 채찍이 많고 당근이 적은, 그런 분이었습니다.

수동적 노력과 능동적 노력

당근과 채찍, 즉 강화와 처벌은 모두 행동 변화에 영향을 주지만, 처벌보다는 강화가 훨씬 효과적이라고 알려져 있습니다. 여러 가지 이유가 작용하겠지만, 처벌은 '수동적 노력'을 하게 하고, 강화는 '능동적 노력'을 하게 한다는 점에 가장 주목할 필요가 있습니다.

어린 시절, 제가 잠깐 태권도 선수를 했던 때의 일입니다. 그 당시 저희 팀 코치님의 주된 지도 방식은 처벌이었습니다. 칭찬은 거의 없었고, 선수들이 코치님의 기대만큼 동작을 수행하지 못하면 가차 없이 무자비한 체벌, 사실상 폭력이 가해졌습니다.

그렇게 맞고 나면 무서워서, 안 맞으려고 더 열심히 하게 됩니다. 그러나 변화가 길게 지속되지는 않습니다. 그것은 단지 공포라는 감정에 대한 반응에 불과했기 때문입니다. 공포라는 감정이 사그라들면 수행 능력은 다시 떨어졌습니다. 그러면 "이것들 며칠 안 맞았더니 약발이 떨어졌구만?"이라는 끔찍한 말과 함께 폭력이 이어졌습니다.

그렇게 선수들은 '맞아야 잘하는 애'가 되어 버렸습니다. 하지만 그럴수록 잘하고 싶은 마음은 사라지고 맞고 싶지 않은 마음만 커집니다. 실력도 늘지 않습니다. 딱 맞지 않을 만큼만 하기 때문입니다. 결국 저는 그 처벌을 견디다 못해 선수 생활도 그만두게 되었습니다.

반면 요즘 제 운동을 도와주시는 개인 트레이닝 선생님의 주된 지도 방식은 강화입니다. 운동을 하다가 자세가 무너졌을 때 처벌 방법을 쓰지 않습니다. "지금 엉덩이에 힘을 푸셨어요. 힘 더 주셔야 해요" 정도로 지금 상태를 언급하고, 무엇이 필요한지만 말해주십니다. 반면 조금이라도 자세가 좋아지거나, 노력하는 모습이 보이면 "지금 잘하고 있어요. 아까보다 좋아졌어요. 계속 이렇게~"라며 강화해주십니다.

물론 이런 강화의 목소리를 백 퍼센트 믿지는 않습니다. 제가 봐도 아직 부족한 걸 잘 알고 있기 때문입니다. 하지만 기대에 부응하고 싶어서인지 오히려 더 잘하고 싶은 마음이 커집니다. 조금이라도 힘을 더 쥐어짜 보려고 노력하게 되고, 어느샌가 제 유튜브 알고리즘에는 헬스와 관련된 영상들이 노출되고 있습니다. '마지못한 노력'이 아닌 '기꺼이 하는 노력'이 된 것입니다. 개인 트레이닝 선생님의 강화는 마치 단백질 보충제처럼 저의 근력을 키우는 데 매우 좋은 영양분이 되어 주고 있습니다. 이처럼 우리가 노력하는 힘을 키우기 위해서는 처벌보다는 강화, 즉 채찍보다는 당근이 필요합니다.

내가 나의 햇살이 되어 주는 것

우리 모두 마음속에 '이상적인 나'의 모습을 그리고 있고, 그 목표를 이루기 위해 스스로에게 당근과 채찍을 사용합니다. 저는 여러분들이 스스로에게 채찍보다는 당근을 많이 사용했으면 좋겠습니다.

물론 앞서 말했던 것처럼, 어린 시절의 경험들로 인해 안타깝게도 당근의 기본 보유량 자체가 워낙 적은 분들도 있을 것입니다. 그렇다면 더더욱 어렸을 때 받지 못한 당근을 앞으로의 삶에서 많이 채워주시길 바랍니다. 내 기대에 못 미치는 나를 발견했을 때, 자연스럽게 한 손에 채찍이 들려있을 수 있습니다. 그 채찍 조용히 다시 넣어놓으시고, 어렵더라도, 억지로라도 당근을 찾아서 먹여 주시길 바랍니다.

'그래도 잘하고 있다. 고생이 많다'라고 말해주면 좋겠습니다. 힘들어서 주저앉아 있다면 '왜 그러고 앉았냐'며 채찍질하지 말고 '애쓰며 살던 네가 오죽하면 주저앉았겠니, 힘냈으면 좋겠다'라고 위로의 당근을 건넸으면 좋겠습니다. 여러분이 스스로에게 채찍을 든 처벌자가 아닌, 당근을 든 강화자가 되어 주길 바랍니다.

이솝우화《해님과 바람의 이야기》를 다들 잘 알고 계실 것입니다. 서로 자신이 더 힘이 세다는 것을 증명하고 싶었던 해님과 바람이 지나가는 나그네의 옷을 누가 먼저 벗기느냐를 두고 내기를 한 이야기입니다. 나그네의 옷을 벗긴 것은 매서운 바람이라는 처벌이 아니라, 따뜻한 햇살이라는 강화였습니다. 우리가 능동적으로 변화하고 성장하기 위해서는 바람보다는 햇살이 필요합니다. 스스로에게 햇살이 되어 주길 바랍니다.

똑똑한 사람은 남 탓도,
내 탓도 안 한다

슬기 씨는 우울증 진단을 받고 6개월째 약물치료를 받고 있습니다. 지금은 처음 병원을 찾을 때처럼 죽고 싶다는 생각에 사로잡히지는 않지만, 여전히 일상에서 느껴지는 우울감과 무기력감이 나아지지 않는 느낌이 들었고, 밤에는 잠이 잘 오지 않았습니다. 뭔가 근본적인 해결이 필요한 것 같다는 생각에 슬기 씨는 상담실을 찾았습니다.

슬기 씨에게 물었습니다.

"잠이 오지 않을 때는, 주로 어떤 생각들에 사로잡히나요?"

"오늘 하루 내가 했던 말이나 행동이 생각나는 것 같아요. 그걸 자꾸 곱씹어요."

"어젯밤에는 어떤 모습을 곱씹었을까요?"

"회사에서 항의 전화를 받았는데, 그분이 엄청 화를 내시

나에게 괜찮냐고 물어본 적이 없었다

더라고요. '그때 내가 좀 더 잘 응대했다면 그분이 화를 안 내지 않았을까?' 이런 생각도 했고, 음…. 어제 소개팅을 했는데 분위기가 되게 어색했거든요. 그것도 생각하면서 '내 리액션에 문제가 있었나?', 이런 생각들을 했던 것 같아요."

이후에도 대화를 통해 슬기 씨가 평소에 자주 하는 생각을 살펴보았더니, 그 생각들은 하나같이 '자책'이라는 것을 알 수 있었습니다.

며칠 전 업무 회의 시간에 팀장님이 요즘 팀 성과가 부진하다며 전체 직원들에게 핀잔을 준 적이 있었습니다. 여기서도 슬기 씨는 '내가 좀 더 열심히 했어야 되는데…'라는 생각에 사로잡혀, 굳이 주말에도 출근해서 일을 했습니다.

지난 여름, 친구들과의 여행에서 숙소 지붕에 물이 샐 때도 '내가 숙소를 잘못 알아봐서 이런 일이 생겼다'라는 생각에 사로잡혀 괴로웠습니다. 오늘 아침에는 문득 엄마의 주름진 얼굴이 보였는데 '나 때문에 고생을 많이 하셔서 갑자기 확 늙으셨구나'라는 생각에 속상했습니다.

이처럼 슬기 씨의 자책은 직장, 친구 관계, 가족과 같은 삶의 모든 영역에 깊게 배어 있는 삶의 태도였습니다.

남 탓보다 내 탓이 편한 사람들

잘 생각해 보면 인간은 원래 내 탓보다 남 탓이 자연스럽습니다. 어린 아이를 떠올려 보면 쉽게 이해할 수 있습니다.

아이가 걸어가다가 책상에 부딪혀서 상처가 났습니다. 아이는 '내가 부주의해서 책상에 부딪혔다'라고 생각하지 않습니다. 오히려 '책상이 나를 때렸다'라고 생각해서 엄마에게 울면서 고자질합니다. 그러면 엄마는 책상에게 가서 "책상이 우리 ○○이를 때렸네! 때찌 때찌!"라고 말해줍니다. 아이들끼리 싸워서 혼이 날 때 가장 많이 하는 말은 "쟤가 먼저 때렸단 말이에요!"입니다. 이렇듯 우리는 원래 남 탓이 먼저였습니다.

그러나 시간이 지나며 모든 일의 원인에는 '내 몫'도 있다는 것을 배우게 됩니다. 그런 사회화 과정을 통해 어떠한 결과를 일으킨 나의 책임과 타인의 책임을 통합적으로 고려할 수 있게 되는 것입니다.

다만, 이 사회화 과정이 너무 부족했거나, 너무 과했을 때 문제가 생깁니다. 사회화 과정이 너무 부족하면 자기 책임인데도 남 탓을 하고, 사회화 과정이 너무 과하면 자기 책임이 아닌데도 내 탓을 합니다. 지나친 남 탓은 책임을 타인에게 전가하기 때문에, 지나친 내 탓은 본인에게 과도하게 책임을 지게 하는 것이기 때문에 둘 다 문제입니다.

그런데 우리는 보통 '남 탓'은 하지 않으려고 노력하면서, '내 탓'을 하지 않으려고 노력하지는 않는 경향이 있는 것 같습니다. 때로는 '차라리 내 잘못이라고 여기는 게 마음이 편해'라고 생각하며 오히려 내 탓을 권장하기도 합니다.

나에게 괜찮냐고 물어본 적이 없었다

과도한 자책과 가스라이팅

지금까지 상담 장면에서 많은 분을 만나 오면서 확신하게 된 것 중 하나는 과도한 내 탓은 과도한 남 탓만큼 마음에 해롭다는 것입니다. 그리고 남 탓은 절대 하지 않으려고 애쓰면서, 자책은 너무나도 쉽게 하는 분이 많다는 것도 알 수 있었습니다.

물론 자책과 반성은 자기 발전을 위해서도, 함께하는 사회를 위해서도 반드시 필요합니다. 그러나 그것이 너무 지나칠 때, 내 책임이 아닌데도 내 책임으로 생각하는 데 너무 익숙해졌을 때는 얘기가 달라집니다. 특히 사례에서 소개한 슬기 씨처럼 과도한 자책이 삶의 태도가 되면 여러 가지 문제가 생길 수 있습니다.

가장 큰 문제는 주눅이 든다는 점입니다. 자책은 결국 내가 나를 지적하는 것이기 때문입니다. 지적을 많이 받으면 주눅이 드는 것은 당연합니다. 신체적·심리적으로 위축되면 자신감, 즉 자기효능감(자신의 능력으로 문제를 해결하거나 성공할 수 있다는 신념)이 떨어지게 됩니다. 내가 뭔가를 잘할 수 있다는 생각을 하기 어려워지는 겁니다.

그러면 실제 수행 능력도 떨어집니다. 할 수 있는 것도 못하게 되고, 시도조차 못 하는 경우가 많아집니다. 그 결과 자연스럽게 우울증이 찾아옵니다. 그래서 상담심리학에서는 우울을 '자기 내부를 향한 공격'이라고 표현하기도 합니다.

자책이 삶의 태도가 되었을 때 생길 수 있는 또 하나의 큰 위험은 바로 가스라이팅에 취약해진다는 점입니다. 가스라이팅은 상대방이 스스로를 '부적절한 존재'로 여기도록 조작하여, 스스로를 신뢰하지 못하고 나의 말대로 움직이도록 조종하는 것을 뜻합니다.

그런데 과도한 자책이 삶의 태도가 되어 있는 분들은 상대방이 교묘하게 조종하지 않아도 이미 스스로를 부적절한 존재로 여기고 있습니다. 이미 나보다 타인을 더 신뢰하기 때문에 타인의 말에 너무 쉽게 영향을 받습니다. 자신을 신뢰하지 않는 사람을 조종하는 일은 너무나도 쉽습니다. 가스라이팅은 물론 사기도 당하기 쉽고, 사이비종교에도 쉽게 빠져들 수 있습니다.

내가 나의 2차 가해자가 되지 않기

우린 모두 고통 없는 삶을 꿈꾸지만, 안타깝게도 고통 없는 삶은 없습니다. 내가 원치 않아도, 내가 아무리 노력해도 고통은 언제든 내 삶을 찾아오고, 그럴 때면 상처가 나기도 합니다. 어젯밤을 꼬박 새워 보고서를 썼지만, 부장님은 "이것도 보고서라고 써 왔냐!"라며 고함을 칠 수도 있습니다. 헤어지고 싶지 않아서 아무리 지극정성으로 노력해도, 그럼에도 불구하고 이별을 통보받기도 합니다. 이런 경험들은 우리 마음에 상처를 입힙니다.

과도한 자책은 그 상처에 내 손으로 소금을 뿌리는 것과 같습니다. 안 그래도 고통스러운데, 내 손으로 더 고통스럽게 만드는 셈입니다. 부장님의 고함으로 속상하고 슬픈 나에게 '그러게 왜 너는 그렇게밖에 쓰지 못했냐'라고 또 한 번 지적하며, 고통을 증폭시키는 것입니다. 이별의 상실감으로 괴로워하고 있는 나에게 '네가 좀 더 잘했어야지'라는 말로 재차 비수를 꽂는 것입니다. 그렇기에 과도한 자책은 조금 거칠게 표현하면 일종의 '(셀프) 2차 가해'라고 볼 수도 있습니다.

마음을 무너뜨리지 않기 위해서는 우선 자책하는 습관에 민감해질 필요가 있습니다. 마치 숨 쉬듯이, 일상에 스민 자책의 순간을 인지하며 '내가 또 나를 미워하고 있구나'라고 알아차릴 수 있어야 합니다. 일상에서 '내가 자책하는 순간들을 수집해 보겠다'라는 마음으로 나의 순간순간을 관찰해 보시기 바랍니다.

그다음에는 '책임 소재'를 평가해 보아야 합니다. 자동차끼리 사고가 났을 때 양측의 과실을 평가하는 모습을 떠올려 보면 좋겠습니다. 내 책임, 상대방의 책임, 상황적인 특성 등을 냉정하게 평가해 보는 것입니다. 물론 누가 더 잘못했고, 덜 잘못했고를 명확하게 평가할 수 없는 상황이 더 많을 것입니다. 그러나 이 과정을 통해 적어도 내가 나에게 백 퍼센트 과실을 묻는 과도한 자책은 피할 수 있습니다.

슬기 씨도 상담을 통해 본인의 삶 전반에 만연해 있는 자책의 태도를 알아차릴 수 있었습니다. 그리고 그것이 지금 겪고 있는 우울증에 얼마나 악영향을 미치고 있는지도 알게 되었습니다. 그래서 우리는 그다음 스텝으로 상담실에서 책임 소재를 평가하는 연습을 해보았습니다.

일상에서 자책했던 순간들을 상담실에서 다시 되짚어 보면서 그 일에 대한 '나의 책임', '상대방의 책임', '환경의 책임'이 각각 몇 퍼센트 정도인지를 따져 보았습니다.

우선 고객이 항의 전화를 걸어 화를 냈던 상황을 다시 살펴보았습니다. 고객의 화는 물론 슬기 씨의 응대가 더 좋았다면 누그러질 수도 있었겠지만, 고객은 이미 우리 회사의 서비스에 화가 난 상태로 전화를 한 것이고, 실제로 우리 회사의 서비스에 문제가 있는 것도 맞았습니다. 그래서 나의 책임은 30%, 상대방의 책임도 30%, 환경(회사)의 책임이 40%라고 정리해 보았습니다.

소개팅에서 침묵이 생기고 어색했던 경험은 다시 생각해 보니 말 그대로 서로 관심사가 다르고, 말이 잘 안 통하는 것뿐이었습니다. 그렇게 생각하자 그날의 어색함은 서로에게 정확히 50:50의 책임이라는 결론을 내릴 수 있었습니다.

엄마 얼굴의 주름은 내가 속을 썩인 탓도 물론 있겠지만, 그저 시간이 흘러 노화가 진행되고 있기 때문이기도 했습니다. 그래서 나(10~20%), 엄마(0%), 환경(80~90%)라고 평가했습니다.

이런 작업을 함께 하며, 슬기 씨는 점차 자신이 겪은 일의 책임이 오롯이 본인에게만 있는 경우는 거의 없다는 것을 알 수 있었습니다. 일상 속 자책의 순간들을 좀 더 날카롭게 알아차리고 '내 책임이 얼마나 되는 거지?'를 객관적으로 따져 볼 수 있게 되었습니다. 결국 몇 개월간의 상담이 끝날 때쯤에는 우울감이 많이 개선되었고, 개선된 상태에 대해 담당의와 상의 후 약물치료도 종결할 수 있게 되었습니다.

만약 유독 후회할 일이 많고, 모든 결과가 내 잘못인 것처럼 느끼는 날이 잦다면, 모든 것이 내 책임은 아니라는 것을 기억하며 적당히 남 탓도 해보시기를 바랍니다. 나를 믿어주는 태도에서 건강한 자존감이 시작됩니다.

충분히 울어야
다시 나아갈 수 있다

유진 씨는 도서관 창가에 앉아 몇 시간째 멍하니 창밖만 바라보고 있었습니다. 유진 씨의 반려견 콩이가 무지개다리를 건넌 것은 한 달 전의 일이었습니다. 갓 낳은 새끼 강아지 때부터 유진 씨와 함께했던 콩이는 다른 강아지들보다 오랜 시간을 살아가다가 곁을 떠났습니다. 가족들도 콩이가 곧 떠나리라고 어느 정도 예상을 하고는 있었지만, 오랜 시간 희노애락을 함께한 콩이의 죽음에 모두 슬픔에 빠졌습니다.

그 슬픔이 너무나도 괴로웠기에, 가족들은 저마다 떠오르는 기억과 감정을 외면하려 노력했습니다. 아버지는 매일매일 야근을 하며, 어머니는 하루에 세 번씩 헬스장에 가며 콩이를 잊으려고 애쓰는 것 같았습니다. 집에서 콩이에 대한 이야기를 꺼내는 것은 암묵적인 금기사항이 되었습니다. 급

나에게 괜찮냐고 물어본 적이 없었다

기야 어느 날 아버지는 고양이를 키워 보자는 말까지 했지만, 유진 씨의 격렬한 반대로 그렇게 되지는 않았습니다.

공무원 시험을 준비하고 있던 유진 씨도 공부에 열중해서 콩이를 잊고 싶었습니다. 그러나 공부에 아무리 열중하려 해도 콩이는 유진 씨의 마음을 떠나지 않았습니다. 매일 밤 콩이가 떠올라서 슬펐고, 가만히 있어도 문득문득 눈물이 흘렀습니다. 공부에도 제대로 집중할 수 없었고, 오늘처럼 가끔 넋이 나간 상태로 창밖을 바라보기도 했습니다.

그러나 콩이 때문에 힘들어하는 걸 보면 다른 가족들도 더 힘들어질까 봐, 걱정시키고 싶지 않은 마음에 가족들 앞에서는 슬프지 않은 척했습니다. 눈물이 날 것 같을 때는 '이제 그만 슬퍼할 때도 됐지, 언제까지 힘들어할 건데? 산 사람은 살아야지. 콩이도 그걸 원할 거야'라고 생각하며 마음을 다잡으려 했습니다.

그런 유진 씨가 상담실에서 처음 꺼낸 말은 "콩이를 잊게 도와주세요"였습니다.

다양한 상실에 대하여

삶에서 정말로 피하고 싶은 경험을 하나 꼽자면 그것은 아마도 '상실'의 경험일 것입니다. 상실은 틀림없이 우리를 슬프게 만들기 때문입니다. 특히 갑작스럽고, 예상하지 못한 상실이 준 허무함과 당혹스러움은 세상에 대한 최소한의 믿음마저 사라지게 만들기도 합니다.

상실은 '나에게 의미 있는 어떠한 대상이 사라지는 것'을 뜻합니다. 여기서 말하는 '대상'은 생각보다 넓은 영역을 포함합니다. 사람과 동물 같은 생명체뿐 아니라, 무생물도 상실의 대상이 될 수 있습니다. 가령 내가 소중하게 아끼던 물건을 잃어버린 것도 상실이며, 사기를 당해 열심히 번 돈을 잃게 되었다면 그 또한 상실입니다.

심지어 눈에 보이지 않는 무형의 것들도 상실의 대상이 될 수 있습니다. 예를 들어, 간절히 바라던 꿈을 어떠한 이유로 더 이상 좇을 수 없게 되었다면 그 또한 상실입니다. 가끔 관계에서 치가 떨릴 정도의 안 좋은 경험을 하고 나면 사람 자체가 싫어지기도 합니다. 이는 '인류애'라는 대상을 상실한 경험으로 볼 수 있습니다. 최근 많이 발생하고 있는 묻지마 범죄 소식을 접하다 보면 '세상의 안전에 대한 기본적인 신뢰'가 상실되기도 합니다.

그렇게 생각해 보면 우리는 일상에서 크고 작은 상실을 참 많이 경험하고 살아가는 것 같습니다. 그리고 그 상실의 크기만큼 슬프고 괴로워집니다. 작은 상실이라면 당장은 조금 속상하고 슬프더라도, 일상에 충실하다 보면 자연스럽게 지나가기도 합니다. 그러나 큰 상실, 즉 나에게 의미가 큰 대상을 잃어버렸을 때는 일상에 충실하기가 어려워집니다. 손가락에 난 작은 상처는 일상생활을 하다 보면 어느샌가 자연스럽게 사라지고 잊히지만, 다리가 부러지면 정상적인 일상생활이 불가능한 것과 같은 이치입니다.

충분히 애도하는 것

우리는 다리가 부러지면 병원에 입원합니다. 적절한 치료와 조치를 해준 후, 부러진 뼈가 붙을 때까지 기다립니다. 적어도 최소한의 일상생활이 가능해질 때까지는 회복에 집중합니다.

안타까운 점은 다리가 다쳤을 때는 이토록 자연스럽게 회복에 집중하지만, 마음이 다쳤을 때는 그렇게 하지 않는다는 점입니다. 많은 분들이 큰 상실을 경험했음에도, 그 상실의 크기만큼 충분한 회복의 시간을 허락하지 않습니다. '이 정도 일로 주저앉으면 안 돼', '언제까지 힘들어할 거야', '빨리 정신 차려야지'라고 타인에게, 스스로에게 말하며 빨리 괜찮아지기를 강요합니다.

이것은 마치 부러진 다리뼈가 아직 다 붙지도 않은 사람에게 '언제까지 누워 있을 거야', '참고 걸어야 하지 않겠어?'라고 말하는 것과 같습니다. 그렇게 충분한 회복 없이 다시 걸었다가는 뼈가 붙는 시간이 더 오래 걸릴 것이고, 상태가 더 악화할 수도 있습니다. 마음도 마찬가지입니다. 상실에 대한 충분한 회복의 시간을 허용하지 않을 때, 상실로 인한 고통의 시간은 더욱 길어지고, 깊어집니다.

상실로부터의 회복을 위해 필요한 것은 단 한 가지입니다. 그것은 바로 '애도'입니다. 상실로 인한 회복의 시간을 허용한다는 것은 곧 충분히 애도하는 것을 뜻합니다. 좁은 의미에서의 애도는 '사람의 죽음을 슬퍼하는 것'을 의미하지만, 보다 넓은 의미에서의 애도는 '상실한 대상에 대해 슬퍼하는 것'을 뜻합니다. 소중한 누군가가 우리 곁을 떠났을 때 하는 장례식, 혹은 여러 종교의 각종 의식을 치르는 것도 그 대상을 애도하기 위해서입니다.

그러나 그 행사만으로 애도를 끝내야 하는 것은 아닙니다. 그 이후에도 그 대상이 떠올랐을 때 느껴지는 슬픔, 그리움들을 외면하지 않고 충분히 느끼고 애도해야 합니다. 그 감정들을 느끼지 않으려고 억압하거나 외면하려 하면, 화가 난 감정이 우리의 마음을 무너뜨려 버릴 수 있습니다. 아이러니하게도 상실로 인한 슬픔을 이겨낼 수 있는 유일한 방법은 충분히 슬퍼하는 것뿐입니다.

소중한 것을 위해 눈물 흘릴 시간

유진 씨의 마음이 무너진 것도 상실에 대해 충분히 애도하지 못했기 때문이었습니다. 유진 씨와 가족들이 콩이의 상실에 대처한 방법은 함께 슬퍼하는 것이 아니라, 어떻게든 슬퍼하지 않는 것이었습니다. 아버지는 일에, 어머니는 운동에, 유진 씨는 공부에 집중하면서 상실의 슬픔을 느끼지 않으려

했습니다. 콩이의 이야기를 꺼내는 것도 금기시했습니다. 유진 씨의 가족은 슬픔을 허락하지 않았던 것입니다.

상담에서는 유진 씨와 콩이에 대한 이야기를 했습니다. 슬퍼질까 봐 꺼내 보지 못했던 콩이의 사진을 하나씩 꺼내 보며 그 사진에 담긴 추억들, 그리고 콩이에 대한 여러 감정들을 이야기 나눴습니다.

콩이가 처음 집에 온 날의 놀라움, 슬퍼서 울 때 내 눈물을 핥아주던 고마움, 산책이라는 단어만 나오면 꼬리를 흔들던 귀여운 모습, 그럼에도 더 많이 산책을 못 시켜준 것에 대한 미안함, 아파하는 콩이를 볼 때의 속상함⋯. 수많은 감정과 이야기를 꺼내놓으며 눈물 흘렸습니다. 어떤 날은 상담에서 한 시간 동안 울기만 하고 아무 말도 못 하고 돌아간 날도 있었습니다. 그러나 그 어떤 말보다 그 눈물이 바로 유진 씨에게는 가장 필요한 것이었습니다.

일상에서는 하루에 30분씩 '눈물 흘리는 시간'을 만들기로 했습니다. 이 시간만큼은 마음껏 콩이를 떠올리고, 눈물이 흐르면 참지 않고 울기로 했습니다. 유진 씨의 부모님에게는 일주일에 한 번이라도 온 가족이 함께 콩이를 애도하는 시간을 가질 것을 제안했습니다. 온 가족이 모여 생전 콩이의 모습이 담긴 사진과 영상을 함께 보고, 어떤 날은 편지도 쓰고, 또 어떤 날은 콩이를 묻어 준 나무에 함께 가기도 했습니다.

그렇게 유진 씨와 가족들은 콩이를 마음 안에서 밀어내지 않고, 마음 안에 자리 잡을 수 있도록 자리를 내어주었습니다. 오랜 시간의 상담이 끝을 향해갈 무렵, 유진 씨가 말했습니다.

"여전히 콩이를 떠올리면 슬프고 눈물이 나요. 그렇지만 좀 슬퍼하고 나면 괜찮아져요. 그리고 콩이는 죽었지만, 여전히 제 마음 안에 살아 있는 것 같아요. 그래서 제가 눈물 흘리면 콩이가 예전처럼 제 눈물을 닦아 주는 거 같아요."

꺾여도 계속 가는 마음을 위해 필요한 것

제가 개인적으로 정말 싫어하는 동요가 하나 있습니다. 바로 〈울면 안 돼〉입니다.

'울면 안 돼~ 울면 안 돼~ 산타할아버지는 우는 아이에게는 선물을 안 주신대요~'

울지 않아야만 선물을 주는 산타할아버지가 있다면 저는 우리 집에 오시지 말라고 할 것 같습니다. 우리가 슬플 때, 스스로 우는 것을 허락해 줬으면 좋겠습니다. 물론 상황과 맥락에 따라 가끔 참아야 할 때도 있지만, 울어도 괜찮을 때는 꼭 울었으면 좋겠습니다. 특히 여러분이 어떠한 상실을 겪었다면 부디 충분히 눈물 흘리길, 눈물의 시간을 허락해 주길 바랍니다.

'중꺾마'라는 말이 유행했었습니다. 처음에는 '중요한 건 꺾이지 않는 마음'이라는 의미였는데, 요즘에는 '중요한 건

꺾여도 계속 가는 마음'이라는 의미로 쓰인다고 합니다. 저는 이 말이 참 좋습니다. 삶에서 겪게 되는 상실은 우리의 마음을 꺾어 버리곤 합니다. 그렇게 꺾였을 때, 그래도 계속 꿋꿋하게 삶을 이어 나가기 위해서는 '울지 않는 것'이 아니라 '충분히 우는 것'이 필요합니다.

나에게 괜찮냐고 물어본 적이 없었다

초판 1쇄 발행 2024년 06월 17일
초판 2쇄 발행 2024년 07월 22일

지은이 함광성
펴낸이 이부연
총괄디렉터 백운호
책임편집 윤다희
표지디자인 스튜디오포비

펴낸곳 (주)스몰빅미디어
출판등록 제300-2015-157호(2015년 10월 19일)
주소 서울시 종로구 내수동 새문안로3길 30, 대우빌딩 916호
전화번호 02-722-2260
인쇄·제본 갑우문화사
용지 신광지류유통

ISBN 979-11-91731-65-1 (03190)

문제가 나를 붙들고 있는 게 아니라, 내가 문제를 놓아주지 않는 것이다!

홀가분한 인생을 만드는 30가지 법칙!

★ 이 책을 꼭 읽어야 하는 사람들 ★

- 몇 년 전의 실수가 가끔 떠올라 얼굴이 화끈거린다
- 무례한 질문에 받아치지 못하고 집에 와서 후회한다
- 남한테 부탁하기가 부담스러워서 혼자 다 떠맡는다
- 오랫동안 연락 없던 친구가 내심 불편하지만 참는다
- 무기력 때문에 미루고 미루다 발등에 불이 떨어진다

나답게 살기 위한 30가지 삶의 태도
스쳐지나갈 것들로 인생을 채우지 마라

고은미 지음

걱정에 휘둘리는 노예가 되지 말고, 걱정을 다스리는 주인이 되어라!

나를 괴롭히는 걱정을 삶의 무기로 만드는 방법

– 이 책을 꼭 읽어야 하는 사람들 –

· 사소한 일을 오래도록 붙들고 고민하는 사람
· 일이 뜻대로 풀리지 않으면 답답해지는 사람
· 자꾸만 스스로가 한심하다 자책하게 되는 사람
· 나도 모르게 인간관계가 꼬이고 어긋나는 사람
· 미래가 막막하고 삶이 의미 없게 느껴지는 사람

유리멘탈에서 강철멘탈로 거듭나는 방법

걱정에게 먹이를 주지 마라

스기타 다카시 지음

버티려 애쓰지 말고,
유연하게 흔들려라!

심리학자들이 존경하는 심리학자의 인생 조언!

★★★★★

김경일·김주환·문요한·채정호 등
대한민국 대표 정신 건강 전문가 강력 추천!

단순히 심리학자로서가 아니라 한 인간으로서,
이 책의 존재가 가지는 의미에 고개를 끄덕이게 된다.

- 김경일 인지심리학자 《타인의 마음》 저자 -

인생의 무게를 반으로 줄이는 마음 수업
흔들릴 줄 알아야 부러지지 않는다

김정호 지음